E. E. Cummings: Poems – Gedichte

Auswahl, Übersetzung und Nachwort von Eva Hesse

Langewiesche-Brandt

and even if it's sunday may i be wrong
for whenever men are right they are not young

und selbst am sonntag mög ich unrecht haben
denn wer im recht ist der ist nicht mehr jung

1   Thy fingers make early flowers of
     all things.
     thy hair mostly the hours love:
     a smoothness which
     sings,saying
     (though love be a day)
     do not fear,we will go amaying.

     thy whitest feet crisply are straying.
     Always
     thy moist eyes are at kisses playing,
     whose strangeness much
     says;singing
     (though love be a day)
     for which girl art thou flowers bringing?

     To be thy lips is a sweet thing
     and small.
     Death,Thee i call rich beyond wishing
     if this thou catch,
     else missing.
     (though love be a day
     and life be nothing,it shall not stop kissing).

Deine finger machen frühlingsblumen
aus allen dingen.
dein haar lieben am meisten die horen:
ein geschmeide das
singt zu erfreuen:
(ob liebe ein tag ist)
sei nicht bang, es geht in den maien.

mit weißesten füßen tanzt du den reihen.
Immer
spielen deine feuchten augen küssen,
deren seltsamkeit vieles
mag sagen, und singen:
(ob liebe ein tag ist)
welcher maid magst du blumen bringen?

Deine lippen zu sein ist ein liebes
und klein.
Tod, ich nenn Dich reich ohne maßen
fängst du dies ein
magst sonst alles missen.
(ob liebe ein tag ist
und leben ein nichts, soll nicht enden das küssen).

2   All in green went my love riding
on a great horse of gold
into the silver dawn.

four lean hounds crouched low and smiling
the merry deer ran before.

Fleeter be they than dappled dreams
the swift sweet deer
the red rare deer.

Four red roebuck at a white water
the cruel bugle sang before.

Horn at hip went my love riding
riding the echo down
into the silver dawn.

four lean hounds crouched low and smiling
the level meadows ran before.

Softer be they than slippered sleep
the lean lithe deer
the fleet flown deer.

Four fleet does at a gold valley
the famished arrow sang before.

Bow at belt went my love riding
riding the mountain down
into the silver dawn.

$\rightarrow$

Ganz in grün ritt feinsliebchen hatzen
hoch auf goldenem hengst
in die silberne früh.

vier hagre rüden duckten sich lächelnd
das muntre rotwild floh davor.

Flinker sei als scheckige träume
das rasche schlanke reh
das rote ranke reh.

Vier rote böcke am weißen wasser
das rohe hifthorn sang davor.

Horn an hüfte ritt feinsliebchen hatzen
dem echo nach
in der silbernen früh.

vier hagre rüden duckten sich lächelnd
die weiten wiesen wichen davor.

Weicher sei als schleppender schlummer
das leichte lichte reh
das flinke flüchtge reh.

Vier flinke ricken im goldenen tale
der hungrige jagdpfeil sang davor.

Bogenbewehrt ritt feinsliebchen hatzen
den bergen nach
in der silbernen früh.

$\rightarrow$

four lean hounds crouched low and smiling
the sheer peaks ran before.

Paler be they than daunting death
the sleek slim deer
the tall tense deer.

Four tall stags at a green mountain
the lucky hunter sang before.

All in green went my love riding
on a great horse of gold
into the silver dawn.

four lean hounds crouched low and smiling
my heart fell dead before.

vier hagre rüden duckten sich lächelnd
die bergesgipfel wichen davor.

Bleicher sei als dräuender tod
das schlüpfrig schlichte reh
das hohe lichte reh.

Vier hohe hirsche am grünen hange
die hörner der hatz erklangen davor.

Ganz in grün ritt feinsliebchen hatzen
hoch auf goldenem hengst
in die silberne früh.

vier hagre rüden duckten sich hechelnd
mein armes herz fiel tot davor.

3   in Just-
     spring   when the world is mud-
     luscious the little
     lame balloonman

     whistles   far   and wee

     and eddieandbill come
     running from marbles and
     piracies and it's
     spring

     when the world is puddle-wonderful

     the queer
     old balloonman whistles
     far   and   wee
     and bettyandisbel come dancing

     from hop-scotch and jump-rope and

     it's
     spring
     and
          the

               goat-footed

     balloonMan   whistles
     far
     and
     wee

im Fast-
frühling   ist die welt schlamm-
selig und der kleine
lahme luftballonmann

flötet   weit   und winzig

und freddieundwill kommen
gerannt von schussern und
seeräuberei und es ist
frühling

und die welt ist pfützenherrlich

der sonderbare
alte luftballonmann flötet
weit   und   winzig
und bettyundlisbeth kommen getanzt

von springseil und himmelundhöllehüpfen und

es ist
frühling
und
        der

            bocksfüßige

luftballonMann   flötet
weit
und
winzig

4   my love
    thy hair is one kingdom
        the king whereof is darkness
    thy forehead is a flight of flowers

    thy head is a quick forest
        filled with sleeping birds
    thy breasts are swarms of white bees
        upon the bough of thy body
    thy body to me is April
    in whose armpits is the approach of spring

    thy thighs are white horses yoked to a chariot
        of kings
    they are the striking of a good minstrel
    between them is always a pleasant song

    my love
    thy head is a casket
        of the cool jewel of thy mind
    the hair of thy head is one warrior
        innocent of defeat
    thy hair upon thy shoulders is an army
        with victory and with trumpets

    thy legs are the trees of dreaming
    whose fruit is the very eatage of forgetfulness

    thy lips are satraps in scarlet
        in whose kiss is the combining of kings

                                    →

meine freundin
dein haar ist ein königreich
    in dem die dunkelheit herrscht.
    deine stirn eine blumenflucht

dein haupt ist ein lebendiger wald
    voll schlafender vögel
deine brüste sind bienenschwärme
    auf dem ast deines leibes
dein leib ist mein april
in dessen achseln der lenz naht

deine schenkel sind ein gespann von schimmeln
    an den wagen von königen
sind der harfenschlag des spielmanns
zwischen ihnen ist stets ein liebliches lied

meine freundin
dein haupt ist ein kästchen
    für das kühle juwel deines geistes
das haar deines hauptes ist ein krieger
    der kein unterliegen kennt
das haar auf deinen schultern ist ein heer
    mit triumph und trompetenschall

deine beine sind bäume des traumes
deren frucht die vergessenheit nährt

deine lippen satrapen in purpur
    in deren kuss die paarung von königen liegt

$\rightarrow$

thy wrists
are holy
    which are the keepers of the keys of thy blood
thy feet upon thy ankles are flowers in vases
    of silver

in thy beauty is the dilemma of flutes

    thy eyes are the betrayal
of bells comprehended through incense

deine handgelenke
sind heilig
    weil sie türhüter sind deines blutes
die füße an deinen knöcheln sind blumen
in silbernen vasen

in deiner schönheit lebt der zwiespalt von flöten

    deine augen verraten glocken
die man durch weihrauch vernimmt

5   your little voice
                    Over the wires came leaping
and i felt suddenly
dizzy
          With the jostling and shouting of merry flowers
wee skipping high-heeled flames
courtesied before my eyes
                              or twinkling over to my side
Looked up
with impertinently exquisite faces
floating hands were laid upon me
I was whirled and tossed into delicious dancing
up
Up
with the pale important
                         stars and the Humorous
                                                moon
dear girl
How i was crazy how i cried when i heard
                              over time
and tide and death
leaping
Sweetly
        your voice

dein stimmchen
                    Kam über die drähte gesprungen
auf einmal war mir
schwindlig
                    Vom drängeln und trillen heiterer blumen
winzige flämmchen hochhackig hüpfend
knicksten vor meinen augen
                                        oder blinzelten zu mir herüber
Schauten auf
mit berückend kecken gesichtern
gleitende hände wurden mir aufgelegt
hochgewirbelt wurd ich, geschuckert in glücklichem tanz
hoch
Hoch
zu den hellen großmächtigen
                                        sternen und dem Launigen
                                                            mond
liebes mädchen
Wie ich aus der haut fuhr wie ich weinte wie ich hörte
                                                    über zeit
und gezeiten und tod hin
auf einen sprung
Süß
        deine stimme

6   Humanity i love you
    because you would rather black the boots of
    success than enquire whose soul dangles from his
    watch-chain which would be embarrassing for both

    parties and because you
    unflinchingly applaud all
    songs containing the words country home and
    mother when sung at the old howard

    Humanity i love you because
    when you're hard up you pawn your
    intelligence to buy a drink and when
    you're flush pride keeps

    you from the pawn shop and
    because you are continually committing
    nuisances but more
    especially in your own house

    Humanity i love you because you
    are perpetually putting the secret of
    life in your pants and forgetting
    it's there and sitting down

    on it
    and because you are
    forever making poems in the lap
    of death Humanity

    i hate you

Menschheit ich liebe dich
weil du die stiefel des erfolges lieber
putzt als dich zu fragen wessen seele an seinem uhrgehänge
baumelt was beiden beteiligten recht

peinlich wäre und weil du
ohne wimpernschlag allen liedern
beifall spendest wenn sie bloß die worte
heimat land und mutter nennen

Menschheit ich liebe dich
weil du den verstand zum pfandhaus trägst wenn du
pleite bist um schnaps zu kaufen und weil dich
dein stolz vom pfandhaus fernhält

wenn du bei kasse bist und
weil du unablässig ärgernis
anrichtest doch ins-
besondere bei dir daheim

Menschheit ich liebe dich
weil du das mysterium des lebens ständig
in deine hose steckst und dann vergisst
wo du es hingetan hast und dich

darauf setzt
und weil du
im schoß des todes immerzu
gedichte machst menschheit

hasse ich dich

7   the bigness of cannon
is skilful,

but i have seen
death's clever enormous voice
which hides in a fragility
of poppies ....

i say that sometimes
on these long talkative animals
are laid fists of huger silence

I have seen all the silence
filled with vivid noiseless boys

at Roupy
i have seen
between barrages,

the night utter ripe unspeaking girls.

kanonenkraft ist wohl
kunstvoll

nur sah ich
des todes kluges ungeheures sprachrohr
versteckt in zartestem
mohn . . . .

ich sage , daß manchmal
auf diesen langen röhrenden tieren die
fäuste noch größerer taubheit liegen

Ich sah das tödliche schweigen
erfüllt von gespenstischen lautlosen jungs

bei Roupy
zwischen feuerwalzen
sah ich

die nacht reife mucksstille mädchen preisgeben .

Anmerkung Seite 103

8   O sweet spontaneous
   earth how often have
   the
   doting

       fingers of
   prurient philosophers pinched
   and
   poked

   thee
   ,has the naughty thumb
   of science prodded
   thy

    beauty   .how
   often have religions taken
   thee upon their scraggy knees
   squeezing and

   buffeting thee that thou mightest conceive
   gods
      (but
   true

   to the incomparable
   couch of death thy
   rhythmic
   lover

      thou answerest

   them only with

      spring)

O süße eigensinnige
erde , wie oft haben
die
vernarrten

       finger
lüsterner philosophen dich gezwickt
und
gestupft

, hat
der freche daumen
der wissenschaft deine
schönheit

       betappt   . wie
oft nahmen religionen dich
auf ihre spitzen kniee
dich knutschend und

beutelnd , auf dass du götter
gebärest
      (doch du
treu

dem unvergleichlichen
beilager des todes
deines rhythmischen
liebsten

     du entgegnest ihnen

nur deinen

     frühling)

9   Lady of Silence
     from the winsome cage of
     thy body
     rose
            through the sensible
     night
     a
     quick bird

     (tenderly upon
     the dark's prodigious face
     thy
     voice
            scattering perfume-gifted
     wings
     suddenly escorts
     with feet
     sun-sheer

     the smarting beauty of dawn)

Herrin der Stille
aus dem holden geheg
deines leibes
hob sich
              durch die greifbare
nacht
ein
hurtiger vogel

(zärtlich übers
ungeheure antlitz des dunkels
streut
deine stimme
                  duftschwere
fittiche
und auf einmal im geleit
von sonnen-
lauteren füßen

die stechende schönheit des morgens)

10 the hours rise up putting off stars and it is
dawn
into the street of the sky light walks scattering poems

on earth a candle is
extinguished   the city
wakes
with a song upon her
mouth having death in her eyes

and it is dawn
the world
goes forth to murder dreams . . . .

i see in the street where strong
men are digging bread
and i see the brutal faces of
people contented hideous hopeless cruel happy

and it is day,

in the mirror
i see a frail
man
dreaming
dreams
dreams in the mirror.

and it
is dusk   on earth

→

die stunden steigen herauf sterne ablegend und es ist
morgen
in die straßen des luftraums kommt das licht lieder streuend

auf erden wird eine kerze
gelöscht   die stadt
erwacht
mit einem lied auf den
lippen tod in den augen

und es ist morgen
die welt
zieht aus träume zu morden . . . .

ich seh in die straßen wo starke
männer brot graben
und ich seh die brutalen gesichter der
leute satt hässlich hoffnungslos grausam glücklich

und es ist tag ,

im spiegel
seh ich einen zarten
menschen
träume
träumend
träume im spiegel

und es
ist dämmerung   auf erden
                    →

a candle is lighted
and it is dark.
the people are in their houses
the frail man is in his bed
the city

sleeps with death upon her mouth having a song in her eyes
the hours descend,
putting on stars . . . .

in the street of the sky night walks scattering poems

eine kerze wird angezündet
und es ist dunkel
die leute sind daheim
der zarte mensch im bett
die stadt

schläft mit tod auf den lippen und einem lied in den augen
die stunden steigen herab
sterne anlegend . . . .

in die straßen des luftraums kommt die nacht lieder streuend

1 1   i will wade out
                          till my thighs are steeped in burning flowers
I will take the sun in my mouth
and leap into the ripe air
                          Alive
                                    with closed eyes
to dash against darkness
                          in the sleeping curves of my body
Shall enter fingers of smooth mastery
with chasteness of sea-girls
                          Will i complete the mystery
                          of my flesh
I will rise
          After a thousand years
lipping
flowers
          And set my teeth in the silver of the moon

ich wate hinaus
                    bis meine lenden in glühenden blumen baden
Ich nehm die sonne in meinen mund
und spring in die süffige luft
                    Lebendig
                              mit geschlossenen augen
und werf mich gegen das dunkel
                    in die schlafenden mulden meines leibes
Werden finger eingehn voll sanfter fertigkeit
mit meermädchen-reinheit
                    Das mysterium meines fleisches
                    zu erfüllen
eintausend jahre danach
                    gehe Ich auf
nuckelnd
an blumen
            und schlag meine zähne in den silbernen mond

12   the moon is hiding in
her hair.
The
lily
of heaven
full of all dreams,
draws down.

cover her briefness in singing
close her with intricate faint birds
by daisies and twilights
Deepen her,

Recite
upon her
flesh
the rain's

pearls singly-whispering.

der mond birgt sich in
ihrem haar.
Die
lilie
des himmels
voll von allen träumen
sinkt herab.

hüll ihre kürze in lieder
schließe sie mit leisen filigran-vögeln,
mit gänseblümchen und dämmerstunden
Vertiefe sie,

Sag über
ihrem leib
auf
wie regenperlen

einzeln wispern.

13   at the head of this street a gasping organ is waving
moth-eaten tunes.   a fattish hand turns the crank;
the box sprouts fairies, out of it sour gnomes tumble
clumsily, the little box is spilling rancid elves upon neat
sunlight into the flowerstricken air which is filthy with
agile swarming sonal creatures

–Children, stand with circular frightened faces glaring
at the shabby tiny smiling, man in whose hand the
crank goes desperately, round and round pointing to
the queer monkey

(if you toss him a coin he will pick it cleverly from, the
air and stuff it seriously in, his minute pocket) Sometimes
he does not catch a piece of money and then his master
will yell at him over the music and jerk the little string
and the monkey will sit, up, and look at, you with his
solemn blinky eyeswhichneversmile and after he has
caught a, penny or three, pennies he will be thrown a
peanut (which he will open skilfully with his, mouth
carefully holding, it, in his little toylike hand) and then
he will stiff-ly throw the shell away with a small bored
gesture that makes the children laugh.

But i don't,   the crank goes round desperate elves
and hopeless gnomes and frantic fairies gush clumsily
from the battered box fattish and mysterious the
flowerstricken sunlight is thickening dizzily is reeling
gently the street and the children and the monkey-
andtheorgan and the man are dancing slowly are
tottering up and down in a trembly mist of atrocious

$\rightarrow$

straßaufwärts schwenkt ein keuchender leierkasten
mottenzerfressene melodien. eine fette hand dreht an
der kurbel; der kasten speit feen, ungelenk taumeln saure
kobolde aus ihm, der kleine kasten schüttet ranzige elfen
an das schmucke sonnenlicht und in die blumenträchtige
luft, besudelt von purzligen tönenden wesen

–Kinder mit runden erschrockenen gesichtern stehen und
starren auf das zerlumpte winzige lächelnde männlein,
der mit der hand unentwegt an der kurbel dreht, und deuten
auf den wunderlichen affen

(wirfst du ihm eine münze zu, so pflückt er sie gewandt
aus der luft und steckt sie würdevoll in seine winzige
tasche) Zuweilen fängt er ein geldstück nicht auf, dann
überschreit sein herr die musik und reißt an der kurzen
strippe, und der affe setzt sich auf und schaut dich an mit
ernsten blinzelnden augen-die-niemals-lächeln, und wenn
er einen groschen oder drei groschen auffängt, kriegt er
eine erdnuss zugeworfen (die er behutsam in seiner kleinen
spielzeughand hält und geschickt mit dem munde auf-
macht), dann wirft er die hülse fort, steif mit einer kleinen
gelangweilten geste, was die kinder zum lachen bringt.

aber mich nicht,   die kurbel geht rundherum, verzweifelte
elfen und hoffnungslose kobolde und aufgeregte feen
sprudeln aus dem zerbeulten kasten, fettig und geheimnis-
voll verdickt sich betäubend das blumenträchtige licht,
die straße taumelt gelinde, die kinder und das männlein
und der leierkastenaffe tanzen und torkeln im flimmrigen
dunst greulicher melodien auf und nieder. . . .

→

melody. . . . tiniest dead tunes crawl upon my face
my hair is lousy with mutilated singing microscopic
things in my ears scramble faintly tickling putrescent
atomies,
   and
     i feel the jerk of the little string! the
tiny smiling shabby man is yelling over the music i
understand him i shove my round red hat back on
my head i sit up and blink at you with my solemn
eyeswhichneversmile

yes, By god.
for i am they are pointing at the queer monkey with a
little oldish doll-like face and hairy arms like an ogre
and rubbercoloured hands and feet filled with quick
fingers and a remarkable tail which is allbyitself alive.
(and he has a little red coat with i have a real pocket in
it and the round funny hat with a big feather is tied
under his my chin.) that climbs and cries and runs and
floats like a toy on the end of a string

winzige tote weisen kriechen mir übers gesicht,verstümmelte
summende mikroskopische wesen wimmeln in meinem
haar,leise tickende faulige kreaturen krabbeln in meinen
ohren
       und
           ich spüre den ruck der kurzen strippe! das winzige
lächelnde zerlumpte männlein überschreit die musik.ich
begreife,ich schiebe meinen roten hut auf meinen kopf
zurück,ich setze mich auf und mit meinen feierlichen augen-
die-niemals-lächeln blinzle ich dich an

ja,Bei gott.
denn ich deute sie deuten auf den wunderlichen affen mit
dem kleinen alten puppengesicht und haarigen armen wie ein
oger und gummifarbnen händen und füßen voll lebendiger
finger und mit einem ulkigen schwanz der ganz-von-alleine
lebt. (und er hat ich habe einen kleinen roten rock mit einer
richtigen tasche drin und der runde komische hut ist unter
seinem meinem kinn gebunden.) das klettert und kreischt
und rennt und springt wie ein spielzeug an der strippe

14 Paris; this April sunset completely utters
    utters serenely silently a cathedral

    before whose upward lean magnificent face
    the streets turn young with rain,

    spiral acres of bloated rose
    coiled within cobalt miles of sky
    yield to and heed
    the mauve
                of twilight (who slenderly descends,
    daintily carrying in her eyes the dangerous first stars)
    people move love hurry in a gently

    arriving gloom and
    see!(the new moon
    fills abruptly with sudden silver
    these torn pockets of lame and begging colour) while
    there and here the lithe indolent prostitute
    Night, argues

    with certain houses

Paris im April: das abendrot gibt fertig von sich
stillschweigend und gelassen eine kathedrale

in deren hagerem erhabenen angesicht
die straßen jung werden vor regen

spiralig tagewerk in aufgetriebnem rosa
gespult im kobaltblauen luftraum
weicht
dem lila
          des zwielichts (das schlank herabsteigt,
zierlich in ihren augen die gefahr der ersten sterne)
leute wandeln lieben hasten in einem sacht

einsetzenden dämmer und
sieh! (der neumond
füllt auf einmal mit jähem silber
die abgerissnen taschen bettelarmer farben) dieweil
hie und da die ranke halbseidene
Nacht mit gewissen häusern

hadert

15 i like my body when it is with your
    body.   It is so quite new a thing.
    Muscles better and nerves more.
    i like your body.   i like what it does,
    i like its hows.   i like to feel the spine
    of your body and its bones, and the trembling
    -firm-smooth ness and which i will
    again and again and again
    kiss,   i like kissing this and that of you,
    i like, slowly stroking the, shocking fuzz
    of your electric fur, and what-is-it comes
    over parting flesh. . . . And eyes big love-crumbs,

    and possibly i like the thrill

    of under me you so quite new

ich mag meinen körper wenn er bei deinem
körper ist.   Er ist so ganz was neues.
Muskeln besser und nerven mehr.
ich mag deinen körper.   ich mag was er tut,
sein wie und seine weise.   mag so gern spüren
deines körpers rückgrat, seine knochen, die bebende
glatt-festigkeit und was ich werde
immer und immer wieder
küssen,   ich mag dies und das an dir,
ich mag, sacht streichelnd, das knistern
deines elektrischen fells und was weichendes
fleisch überkommt. . . . Und augen, große liebes-krümel,

und womöglich mag ich den reiz

von dir unter mir so neu

16   it really must
      be Nice, never to

      have no imagination) or never
      never to wonder about guys you used to (and them
      slim hot queens with dam next to nothing

      on) tangoing
      (while a feller tries
      to hold down the fifty bucks per
      job with one foot and rock a

      cradle with the other) it Must be
      nice never to have no doubts about why you
      put the ring
      on (and watching her
      face grow old and tired to which

      you're married and hands get red washing
      things and dishes) and to never, never really wonder i
      mean about the smell
      of babies and how you

      know the dam rent's going to and everything and never, nev
      Never to stand at no window
      because i can't sleep (smoking sawdust

      cigarettes in the
      middle of the night

es muss wirklich
Nett sein, niemals

keine phantasien zu haben) oder nie
niemals sich fragen was aus den jungs die man früher (und den
ranken geilen gören mit verdammt fast gar nichts

an) beim tangotanzen
(indes der mensch mühselig
mit dem einen fuß den fünfzig piepen
stücklohn nachgeht und mit dem andern eine

wiege schaukelt) es Muss ja
nett sein niemals keine zweifel haben warum man
den ring an-
steckte (und zusehn wie ihr
gesicht alt und müde wird mit dem man

eine ehe führt und hände sich beim waschen von zeugs und
tellern röten) und niemals nie sich wirklich fragen
ich meine wegen dem geruch
von babies und wie du schon

weißt dass die elende miete und all das und niemals
Nie an keinem fenster stehn
weil ich nicht schlafen kann (und zigaretten

aus sägmehl rauchen
mitten in der nacht

Anmerkung Seite 103

17 she being Brand

-new;and you
know consequently a
little stiff i was
careful of her and (having

thoroughly oiled the universal
joint tested my gas felt of
her radiator made sure her springs were O.

K.)i went right to it flooded-the-carburetor cranked her

up,slipped the
clutch(and then somehow got into reverse she
kicked what
the hell)next
minute i was back in neutral tried and

again slo-wly;bare,ly nudg.   ing(my

lev-er Right
oh and her gears being in
A 1 shape passed
from low through
second-in-to-high like
greasedlightning)just as we turned the corner of Divinity

avenue i touched the accelerator and give

her the juice,good

                    (it   →

weil sie Nagel

-neu war;und wisst
ihr darum noch ein wenig
zickig,war ich
sachte mit ihr(hab erst

mal gründlich das universal
-gelenk geschmiert den sprit gecheckt
ihren kühler befühlt und ob die federung O.

K.)legte dann richtig los flutete den vergaser warf sie

an,ließ die
kupplung kommen(geriet dann irgendwie in rückwärts sie
bockte wie
besessen)schon
war ich wieder im leerlauf und

nochmal lan-gsam;kaum an,schubs.   end(meinen

schaltheb-el Recht
so und ihr getriebe das ja
auf 1A getrimmt war schaltete
vom ersten zum
zweiten-zum-dritten wie'n
geölterblitz)grad als wir ecke Divinity

chaussee einbogen gab ich saft drauf und

drückte auf die tube,feste

(es   →

was the first ride and believe i we was
happy to see how nice she acted right up to
the last minute coming back down by the Public
Gardens i slammed on

the
internalexpanding
&
externalcontracting
brakes Bothatonce and

brought allofher tremB
-ling
to a : dead .

stand-
; Still)

war die jungfernfahrt und glaubt mir ich wir war'n
froh zu sehn wie gut sie mithielt die ganze
zeit über bis wir zurückfuhren am Stadt
-park entlang da zog ich

die
innenbacken
&
außenbacken
bremsen Beideaufeinmal und

brachte sie ganzundgar beß
-end
zum:stock.

Still-
;stand)

18 oDE

o

the sweet & aged people
who rule this world (and me and
you if we're not very
careful)

O,

the darling benevolent mindless
He- and She-
shaped waxworks filled
with dead ideas (the oh

quintillions of incredible
dodderingly godly toothless
always-so-much-interested
in-everybody-else's-business

bipeds) OH
the bothering
dear unnecessary hairless
o

ld

oDE

o

die lieben alten leutchen die
unsre welt beherrschen (und mich und
dich wenn wir nicht obacht
geben)

O,

die goldig betulichen hirnlosen
wachsfiguren in
Er-und-sie-ausführung gestopft
voll von muffigen ideen (oh die

quintillionen von unglaublich
dattrigen gottfürchtigen zahnlosen
immer-so-auf-anderer-leute
angelegenheit-erpichten

zweifüßler) OH
die lästigen
lieben nutz- und haarlosen
a

lten

19   "next to of course god america i
love you land of the pilgrims and so forth oh
say can you see by the dawn's early my
country 'tis of centuries come and go
and are no more what of it we should worry
in every language even deafanddumb
thy sons acclaim your glorious name by gorry
by jingo by gee by gosh by gum
why talk of beauty what could be more beaut-
iful than these heroic happy dead
who rushed like lions to the roaring slaughter
they did not stop to think they died instead
then shall the voice of liberty be mute?"

He spoke.   And drank rapidly a glass of water

« nach gott natürlich liebe ich dich
amerika du land der pilgerväter undsoweiter oh
sag kannst du nicht sehn wie morgendlich
in meinem land jahrhunderte nur so
kommen-und-gehen na und was scheren wir uns drum
in jeder sprache auch in der taubstummen
verkünden deine söhne laut dein heldentum
himmelarschundzwirn verstummen
muß das gequassel von der schönheit was könnte schö-
ner sein als unsre tapfren seligen toten die
wie löwen zum gemetzel rannten munter
nicht stoppten um zu denken lieber starben sie
soll nun der freiheit stimme nicht mehr tönen? »

Sprachs.   Und kippte ein glas wasser runter

20   come,gaze with me upon this dome
of many coloured glass,and see
his mother's pride,his father's joy,
unto whom duty whispers low

"thou must!"and who replies "I can!"
–yon clean upstanding well dressed boy
that with his peers full oft hath quaffed
the wine of life and found it sweet–

a tear within his stern blue eye,
upon his firm white lips a smile,
one thought alone:to do or die
for God for country and for Yale

above his blond determined head
the sacred flag of truth unfurled,
in the bright heyday of his youth
the upper class American

unsullied stands,before the world:
with manly head and conscience free,
upon the front steps of her home
by the high minded pure young girl

much kissed,by loving relatives
well fed,and fully photographed
the son of man goes forth to war
with trumpets clap and syphilis

komm, schau mit mir auf diesen dom
von mehrfarbigem glas und sieh
der mutter stolz, des vaters freud,
den seine pflicht inständig ruft

«du sollst!» und er darauf «ich kann!»
–so sauber gradheraus gepflegt
der unter gleichgestellten oft
des lebens süßen kelch geleert–

die träne im stahlblauen aug
ein lächeln auf dem harten mund
nur ein gedanke: sterben für
Gott Alma mater vaterland

der wahrheit heilges banner weht
ob semmelblondem heldenhaupt
in seiner besten jahre saft
der college boy aus gutem stall

steht tadellos vor aller welt:
ein ganzer kerl, doch herzensrein,
von unverdorbnem college girl
oft abgeküsst im hauseingang

von der verwandtschaft oft geknipst
in ganz-figur und wohl genährt
so zieht der menschensohn zum krieg
mit donnerhall und syphilis

21   my sweet old etcetera
aunt lucy during the recent

war could and what
is more did tell you just
what everbody was fighting

for,
my sister

isabel created hundreds
(and
hundreds) of socks not to
mention shirts fleaproof earwarmers

etcetera wristers etcetera,my
mother hoped that

i would die etcetera
bravely of course my father used
to become hoarse talking about how it was
a privilege and if only he
could meanwhile my

self etcetera lay quietly
in the deep mud et

cetera
(dreaming,
et
   cetera,of
Your smile
eyes knees and of your Etcetera)

im jüngst vergangnen krieg
konnt meine liebe olle etcetera tante

lucy allen haar
-genau sagen um was
es ging, was sie ausgiebig

tat,
meine schwester

isabell schuf hunderte
(und
aberhunderte) von socken abgesehn
von hemden flohsichren ohrenschützern

etcetera pulswärmern etcetera, meine
mutter hoffte daß

ich fallen würd etcetera
natürlich tapfer mein vater redete
sich fransig was für eine
auszeichnung es sei, wenn er nur selber
indessen lag ich

meinerseits etcetera friedlich
im tiefen schlamm et

cetera
(träumte
et
    cetera von
Deinem lächeln
augen knieen und deinem Etcetera)

22   Nobody wears a yellow
      flower in his buttonhole
      he is altogether a queer fellow
      as young as he is old

      when autumn comes,
      who twiddles his white thumbs
      and frisks down the boulevards

      without his coat and hat

      −(and i wonder just why that
      should please him or i wonder what he does)

      and why(at the bottom of this trunk,
      under some dirty collars) only a
      moment
      (or
      was it perhaps a year) ago i found staring

      me in the face a dead yellow small rose

Niemand trägt eine gelbe
blume im knopfloch
und überhaupt ist derselbe
ein kauz so jung wie alt

wenn der herbst angeht
der seine weißen daumen dreht
und die boulevards entlang tollt

ohne mantel und hut

–(ich möchte bloß wissen was er davon hat
oder was er da eigentlich tut)

und warum mich(zuunterst in diesem gepäck
bei den schmutzigen kragen)vor einem
augenblick
(oder
war es eher vor einem jahr)

ein totes gelbes röschen anstarrt

23   somewhere i have never travelled,gladly beyond
any experience,your eyes have their silence:
in your most frail gesture are things which enclose me,
or which i cannot touch because they are too near

your slightest look easily will unclose me
though i have closed myself as fingers,
you open always petal by petal myself as Spring opens
(touching skilfully,mysteriously) her first rose

or if your wish be to close me,i and
my life will shut very beautifully,suddenly
as when the heart of this flower imagines
the snow carefully everywhere descending;

nothing which we are to perceive in this world equals
the power of your intense fragility:whose texture
compels me with the colour of its countries,
rendering death and forever with each breathing

(i do not know what it is about you that closes
and opens;only something in me understands
the voice of your eyes is deeper than all roses)
nobody,not even the rain,has such small hands

dort wohin ich niemals reiste, freudig jenseits
aller erfahrung, lebt deiner augen stille:
deine zarteste regung enthält dinge, die mich umfangen
oder welche ich nicht zu fassen vermag weil sie zu nah sind

es entfaltet ein blick mich aus deinen augen
obgleich ich mich wie finger festgefaltet,
löst du mich stets blatt auf blatt, wie frühling
(kunstvoll und heimlich) die erste rosenblüte

wünschest du aber mich einzufalten, so verschließt sich
alsbald mit mir mein leben, anmutig und rasch,
als erträumte der kelch dieser blume
des schneefalls bedächtiges niedersinken;

nirgends auf dieser welt finden wir je
deinesgleichen an zart-eindringlicher macht,
deren gewebe mich mit seinen farbflächen bezwingt
und ergibt tod und immerdar mit jedem atem

(ich weiß nicht was es ist, das sich an dir schließt
und öffnet; ein etwas aber hat in mir erkannt,
dass deiner augen stimme tiefer ist als alle rosen)
niemand, auch nicht der regen, hat solch kleine hand

24   my darling since
      you and
      i are thoroughly haunted by
      what neither is any
      echo of dream nor
      any flowering of any

      echo (but the echo
      of the flower of

      Dreaming) somewhere behind us
      always trying (or sometimes trying under
      us) to is it
      find somehow (but O gracefully) a
      we, entirely whose least

      breathing may surprise
      ourselves
              —let's then
      despise what is not courage my

      darling (for only Nobody knows
      where truth grows why
      birds fly and
      especially who the moon is.

mein liebling,weil
du und
ich durchaus verhext sind von
dem,was weder irgend
ein echo des traumes ist noch
irgend ein blühen von irgend

einem echo (außer dem echo
der blüte des

Traumes)irgendwo hinter uns
immer suchend (und manchmal unter
uns) um
vielleicht irgendwie zu finden (doch O anmutig) ein
wir,gänzlich,dessen mindester

atem uns selber ver-
wundert
        −lass uns deshalb
verachten was nicht mut ist mein

liebling (denn nur Niemand weiß
wo wahrheit wächst weshalb
vögel fliegen und
insbesondere wer der mond ist.

25 o pr
gress verily thou art m
mentous superc
lossal hyperpr
digious etc i kn
w & if you d

n't why g
  to yonder s
called newsreel s
called theatre & with your
wn eyes beh

ld The

(The president The
president of The president
of the The) president of

the (united The president of the
united states The president of the united
states of The President Of The) United States

Of America unde negant redire quemquam supp
sedly thr
w
  i
   n
     g
      a
       b
         aseball

o f
  rtschritt wahrlich du bist gr
  ß superk
  lossal hyperphä
  nomenal etc ich wei
  ß & wenn du's n

  icht auch geh doch in die s
    genannte w
  chenschau ins s
  zusagene theater und be
  bachte mit eigenen augen

  wie Der
            (Der präsident Der
            präsident der Der präsident
            der Der) präsident

            der (vereinigten Der präsident der
            vereinigten staaten Der präsident der vereinigten
            staaten von Der Präsident Der) Vereinigten Staaten

            Von Amerika unde negant redire quemquam schein
  bar einen b
  aseball
            e
          i
            n
              wi
              r
              ft

Anmerkung Seite 103

26   r-p-o-p-h-e-s-s-a-g-r
                    who
a)s w(e loo)k
upnowgath
          PPEGORHRASS
                              eringint(o-
aThe) :l
          eA
            !p:
S   a
          (r
rIvInG   .gRrEaPsPhOs)
                                        to
rea(be) rran(com)gi(e)ngly
,grasshopper;

r-ü-p-f-e-s-a-g-h-r

der

wi)e wi(r hinseh)n

sichjetztauf

PFEGÜRHRAS

bäumt

zum T:er

hU

!pf:

T   und

(s

eTzT   .gRraPfeHüs)

auf

sich wie(an)der(ord)zum(nend)

,grashüpfer;

Anmerkung Seite 103

27   the boys i mean are not refined
        they go with girls who buck and bite
        they do not give a fuck for luck
        they hump them thirteen times a night

        one hangs a hat upon her tit
        one carves a cross in her behind
        they do not give a shit for wit
        the boys i mean are not refined

        they come with girls who bite and buck
        who cannot read and cannot write
        who laugh like they would fall apart
        and masturbate with dynamite

        the boys i mean are not refined
        they cannot chat of that and this
        they do not give a fart for art
        they kill like you would take a piss

        they speak whatever's on their mind
        they do whatever's in their pants
        the boys i mean are not refined
        they shake the mountains when they dance

die jungs dahier sind gar nicht fein
sie gehn mit gören weps- und krötig.
sie geben keinen fick auf glück
sie bumsen dreizehnmal am stück

der eine hängt die mütz an ihre zitz
der andre ritzt ein kreuz ihr hinten rein
sie geben keinen schiet auf witz
die jungs dahier sind gar nicht fein

sie stehn auf gören weps- und krötig
in lesen und schreiben kamen die nicht mit
vor lachen platzen sie aus allen röhren
und machen sich's mit einer stange dynamit

die jungs dahier sind gar nicht fein
sie haben keinen bock auf höheres wissen
sie haben keine brunst für kunst
und killen so wie andre pissen

in ihrer meinung kümmert sie kein schwanz
die schalten aus dem hosenschlitz
die jungs dahier sind gar nicht fein
berge versetzen sie mit ihrem tanz

28   may my heart always be open to little
birds who are the secrets of living
whatever they sing is better than to know
and if men should not hear them men are old

may my mind stroll about hungry
and fearless and thirsty and supple
and even if it's sunday may i be wrong
for whenever men are right they are not young

and may myself do nothing usefully
and love yourself so more than truly
there's never been quite such a fool who could fail
pulling all the sky over him with one smile

immerdar möge mein herz kleinen vögeln
offenstehn denn sie sind das geheimnis des lebens
was sie auch singen ist besser als wissen
wenn menschen sie nicht mehr hören dann sind sie alt

immerdar möge mein sinn rumlungern
hungrig durstig beweglich ohne bang
und selbst am sonntag mög ich unrecht haben
denn wer im recht ist der ist nicht mehr jung

und mög ich für mein teil nützlich nichts tun
und dich für deins viel mehr als wahrlich lieben
denn keiner ist so blöd dass er nicht wüsst
mit einem lächeln sich den himmel umzunehmen

29   anyone lived in a pretty how town
      (with up so floating many bells down)
      spring summer autumn winter
      he sang his didn't he danced his did.

      Women and men (both little and small)
      cared for anyone not at all
      they sowed their isn't they reaped their same
      sun moon stars rain

      children guessed (but only a few
      and down they forgot as up they grew
      autumn winter spring summer)
      that noone loved him more by more

      when by now and tree by leaf
      she laughed his joy she cried his grief
      bird by snow and stir by still
      anyone's any was all to her

      someones married their everyones
      laughed their cryings and did their dance
      (sleep wake hope and then) they
      said their nevers they slept their dream

      stars rain sun moon
      (and only the snow can begin to explain
      how children are apt to forget to remember
      with up so floating many bells down)

                                    →

irgendwer lebte in einer stadt so nett
(wo auf weit hinab das geläut auslädt)
lenz sommer herbst und winter
sang er sein ungetan, tanzte sein tat.

Frauen und männer (klein und gering)
gaben auf ihn keinen pfifferling
säten ihr unsein, mähten einerlei
sonne mond sterne regen

kinder erkannten (doch nur ein paar
und hinab vergaßen als auf in die jahr
herbst winter lenz und sommer)
dass niemand ihn liebte mehr um mehr

wann zu jetzt und baum zu blatt
lacht' sie sein glück, weint' an seiner statt
vogel zu schnee und reg zu still
das irgend an irgendwem war ihr all

die jemande heirateten jedermanns
lachten ihr weinen, taten ihren tanz
(schlafen wachen hoffen dann)
sprachen ihr nimmer, schliefen ihren traum

sterne regen sonne mond
(und nur der schnee ist zu klären imstand
wie kinder oft dranzudenken vergessen
wo auf weit hinab das geläut auslädt)

→

one day anyone died i guess
(and noone stooped to kiss his face)
busy folk buried them side by side
little by little and was by was

all by all and deep by deep
and more by more they dream their sleep
noone and anyone earth by april
wish by spirit and if by yes.

Women and men (both dong and ding)
summer autumn winter spring
reaped their sowing and went their came
sun moon stars rain

irgendwer starb eines tages wohl
(und niemand küsste ihn liebevoll)
leute begruben sie seit an seit
klein an klein und war an war

all mal all und tief mal tief
träumen sie mehr um mehr ihren schlaf
niemand und irgendwer erd zu april
wunsch mal seele und wenn mal ja.

Frauen und männer (bim und bam)
sommer herbst winter und lenz
mähten ihr säen und gingen ihr kam
sonne mond sterne regen

30   love is more thicker than forget
          more thinner than recall
          more seldom than a wave is wet
          more frequent than to fail

          it is most mad and moonly
          and less it shall unbe
          than all the sea which only
          is deeper than the sea

          love is less always than to win
          less never than alive
          less bigger than the least begin
          less littler than forgive

          it is most sane and sunly
          and more it cannot die
          than all the sky which only
          is higher than the sky

liebe ist dichter als vergessen
und dünner als entsinnen
seltner als die wellen nässen
häufiger als misslingen

sie ist so toll und mondlich
soll weniger nicht sein
als alles meer was einzig
tiefer als meer allein

so ewig nicht wie leben
geringer nie als sein
nicht groß wie kleinster anfang
nicht minder als vergeben

sie ist so klug und sonnlich
und kann nicht sterben noch
als aller himmel der nur
ist wie der himmel hoch

31   hate blows a bubble of despair into
     hugeness world system universe and bang
     —fear buries a tomorrow under woe
     and up comes yesterday most green and young

     pleasure and pain are merely surfaces
     (one itself showing,itself hiding one)
     life's only and true value neither is
     love makes the little thickness of the coin

     comes here a man would have from madame death
     neverless now and without winter spring?
     she'll spin that spirit her own fingers with
     and give him nothing(if he should not sing)

     how much more than enough for both of us
     darling.   And if i sing you are my voice,

hass bläht eine blase bitterkeit zu
ungeheuer weltsystem all und peng
–angst bestattet ein morgen unter weh
und auf steigt gestern maßlos grün und jung

heitres und harm sind nur nach oben hin
(eins kehrt sich hoch, das andre liegt verdeckt)
und keines zeigt des lebens istwert an
liebe erst höht der münze dünne schicht

kommt da ein mann und heischt von madame tod
nimmerlos nun und ohne winter lenz?
so zwirnt mit eigner hand sie solch gemüt
und gibt ihm nichts (es sei denn er besäng's)

wieviel mehr als für uns genug mein liebling
Und du bist meine stimme wenn ich sing,

32 plato told

him:he couldn't
believe it(jesus

told him;he
wouldn't believe
it)lao

tsze
certainly told
him,and general
(yes

mam)
sherman;
and even
(believe it
or

not)you
told him:i told
him;we told him
(he didn't believe it,no

sir)it took
a nipponized bit of
the old sixth

avenue
el;in the top of his head:to tell

him

platon sagte

es ihm, er konnt
es nicht glauben (jesus

sagte es ihm, er
wollt es nicht
glauben) lao-

tzu
sagte es ihm und ob
und general
(ja

woll)
sherman,
und sogar
(ob du's glaubst
oder

nicht) du
sagtest es ihm, ich sagte
es ihm, wir sagten es ihm
(er glaubte es nicht, nein

zubefehl) erst als ein
japanisiertes stück von
der alten sixth

avenue
s-bahn in seinem hirnkasten stak

da musst er dran glauben

Anmerkung Seite 104

33 pity this busy monster,manunkind,

not. Progress is a comfortable disease:
your victim (death and life safely beyond)

plays with the bigness of his littleness
—electrons deify one razorblade
into a mountainrange;lenses extend

unwish through curving wherewhen till unwish
returns on its unself.
                              A world of made
is not a world of born—pity poor flesh

and trees,poor stars and stones,but never this
fine specimen of hypermagical

ultraomnipotence. We doctors know

a hopeless case if—listen:there's a hell
of a good universe next door;let's go

mit diesem emsigen monstrum unmenschheit

kein mitleid.   Fortschritt ist ein behagliches leiden:
so ein opfer(jenseits von tod und leben sicher verwahrt)

spielt mit der größe seiner winzigkeit
—elektronen erhöhn die rasierklinge
zum gebirgszug;linsen dehnen

unwunsch durch krümmung von wowann bis unwunsch
zu seinem unselbst zurückkehrt.
                          Eine welt von gemachtem
ist keine welt von gebornem—habt mitleid mit armem fleisch

und bäumen,armen steinen und sternen,doch niemals mit
diesem prachtexemplar von übermagischer

ultra-allmächtigkeit.   Wir ärzte erkennen

den aussichtslosen fall wenn—hört:es gibt
ne pfundswelt nebenan,los,machen wir rüber

Anmerkung Seite 104

34 what if a much of a which of a wind
    gives the truth to summer's lie;
    bloodies with dizzying leaves the sun
    and yanks immortal stars awry?
    Blow king to beggar and queen to seem
    (blow friend to fiend: blow space to time)
    −when skies are hanged and oceans drowned,
    the single secret will still be man

    what if a keen of a lean wind flays
    screaming hills with sleet and snow:
    strangles valleys by ropes of thing
    and stifles forests in white ago?
    Blow hope to terror; blow seeing to blind
    (blow pity to envy and soul to mind)
    −whose hearts are mountains, roots are trees,
    it's they shall cry hello to the spring

    what if a dawn of a doom of a dream
    bites this universe in two,
    peels forever out of his grave
    and sprinkles nowhere with me and you?
    Blow soon to never and never to twice
    (blow life to isn't: blow death to was)
    −all nothing's only our hugest home;
    the most who die, the more we live

wie‚wenn ne wucht von nem was von nem wind
den lug des sommers wahrheit straft
verhängt die sonne mit flirrendem laub
und sterne aus ihren bahnen rafft?
Bläst fürst zu bettler‚fürstin zu schein
(bläst freund zu feind‚bläst raum zu zeit)
–sind himmel erhenkt und meere ersäuft
wird der mensch noch immer das rätsel sein

wie‚wenn ein weh von nem schloh-wind fegt
heulende hügel mit schloßen und schnee
abwürgt die täler im dinglichen garn
erstickt den tann im weißen eh?
Bläst hoffen zu grauen‚bläst sehen zu blind
(bläst mitleid zu neid und seele zu geist)
–wes herz das gebirg‚wes wurzeln ein baum
wird den lenz begrüßen je und je

wie‚wenn ein graun von nem trug von nem traum
dies weltall in zwei teile spellt,
schält immerdar aus seinem sarg
sprengt nirgendwo mit mir und dir?
Bläst bald zu nie‚bläst nie zu paar
(bläst leben zu ist-nicht und tod zu war)
–im riesen-nichts sind wir daheim;
was meistzahl stirbt das leben wir

35   when god decided to invent
everything he took one
breath bigger than a circustent
and everything began

when man determined to destroy
himself he picked the was
of shall and finding only why
smashed it into because

als gott sich vornahm alle welt
zu erfinden, da holt er
mehr luft ein als ein zirkuszelt
und alle welt begann

als der mensch beschloss sich um
-zubringen, nahm er von wird
das war, fand aber nur warum,
das er zu weil verzerrt

36　life is more true than reason will deceive
　　(more secret or than madness did reveal)
　　deeper is life than lose:higher than have
　　—but beauty is more each than living's all

　　multiplied with infinity sans if
　　the mightiest meditations of mankind
　　cancelled are by one merely opening leaf
　　(beyond whose nearness there is no beyond)

　　or does some littler bird than eyes can learn
　　look up to silence and completely sing?
　　futures are obsolete;pasts are unborn
　　(here less than nothing's more than everything)

　　death,as men call him,ends what they call men
　　—but beauty is more now than dying's when

leben ist wahrer als vernunft verkennt
(heimlicher noch als wahnsinn es enthüllt)
höher als haben, tiefer als zugrund
–schönheit ist mehr als leben ungeteilt

mal der unendlichen und sonder wenn
das aufgehn eines blättchens tilgt bereits
der menschheit denkflug zu den höchsten höhn
(zu diesem nahsein gibt es kein jenseits)

oder höb sich ein kleinerer vogel als
ihn augen sehn ins schweigen und säng aus vollem hals?
was war ist ungeschehn, was wird vorbei
(minder als nichts hier mehr als allerlei)

tod, wie man ihn so nennt, tritt menschen an
–doch schönheit ist mehr nun als sterben wann

37   dying is fine) but Death

?o
baby
i

wouldn't like

Death if Death
were
good : for

when (instead of stopping to think) you

begin to feel of it , dying
's miraculous
why ? be

cause dying is

perfectly natural ; perfectly
putting
it mildly lively (but

Death

is strictly
scientific
& arificial &

evil & legal)

we thank thee
god
almighty for dying

(forgive us , o life ! the sin of Death

sterben ist fein) aber Tod

? o
baby
der Tod

tät mich nicht freun

selbst wenn Er
gut wär :
denn

indem (statt lang zu denken) man

anfängt zu fühlen , wird sterben
beseligend
warum ? weil

sterben

völlig natürlich ist ; völlig
gelinde
gesagt lebig (doch

Tod

ist gänzlich
fundiert
& geklittert &

legal & übel)

wir danken dir
gott
allmächtiger fürs sterben

(vergib uns o leben ! die sünde des Tods

38   so many selves (so many fiends and gods
     each greedier than every) is a man
     (so easily one in another hides;
     yet man can, being all, escape from none)

     so huge a tumult is the simplest wish:
     so pitiless a massacre the hope
     most innocent (so deep's the mind of flesh
     and so awake what waking calls asleep)

     so never is most lonely man alone
     (his briefest breathing lives some pIanet's year,
     his longest life's a heartbeat of some sun;
     his least unmotion roams the youngest star)

     —how should a fool that calls him "I" presume
     to comprehend not numerable whom?

so manches selbst (so mancher schratt und gott
alle voll futterneid) im menschen lebt
(so mühlos schlüpft eins in des andern haut,
dass mensch, der alle ist, keinem entgeht)

so wildes hickhack im einfachsten wunsch:
solch blutbad aus der einfalt hoffnung quillt
(so abgründig die fleischeslist im mensch,
so wach, was wachsein stets für schlafend hält)

so nie ist einsamstens der mensch allein
(sein knappster atem ein planetenjahr enthält
sein lebenslauf der herzschlag eines sterns
sein nichtbewegen schon schwingt durch die welt)

–wie sollt ein tor, der ihn «Ich» nennt, es angehn
ihn zu erfasssen, den unzählbaren wen?

39   when serpents bargain for the right to squirm
      and the sun strikes to gain a living wage—
      when thorns regard their roses with alarm
      and rainbows are insured against old age

      when every thrush may sing no new moon in
      if all screech-owls have not okayed his voice
      —and any wave signs on the dotted line
      or else an ocean is compelled to close

      when the oak begs permission of the birch
      to make an acorn—valleys accuse their
      mountains of having altitude—and march
      denounces april as a saboteur

      then we'll believe in that incredible
      unanimal mankind (and not until)

wenn schlangen feilschen um das recht zu schlängeln
die sonne streikt für einen mindestlohn –
wenn mit erschrecken seine rose sieht der dorn
und regenbogen sich nach altersrenten drängeln

wenn jede drossel keinen neumond grüßt
eh alle uhus für ihr lied gestimmt
–wenn jede welle zeichnet ihren namenszug
widrigenfalls ein weltmeer schließen müsst

wenn die eiche von der birke das recht erfragt
eckern zu zeugen –täler ihr
bergmassiv der höhe zeihn –und märz
april als saboteur verklagt

dann wird auch glaubhaft uns dies ausgemacht
unlebewesen mensch (ansonsten nicht)

40 why must itself up every of a park

anus stick some quote statue unquote to
prove that a hero equals any jerk
who was afraid to dare to answer "no"?

quote citizens unquote might otherwise
forget(to err is human;to forgive
divine)that if the quote state unquote says
"kill"killing is an act of christian love.

"Nothing" in 1944 AD

"can stand against the argument of mil
itary necessity"(generalissimo e)
and echo answers "there is no appeal

from reason" (freud)–you pays your money and
you doesn't take your choice.Ain't freedom grand

was muss es sich durchaus auf jedem park

podex ein (sprich) denkmal setzen aus stein
um darzutun, dass heldentum gleich quark
und nichts als bammel vor der antwort « nein »?

(sprich) bürger könntens sonst vergessen, wenn
der (sprich) staat (irren ist menschlich, verzeihn
göttlich) befiehlt: « töte », daß töten dann
ein akt der nächstenliebe hat zu sein.

« Nichts » in '44 anno domini

« hält stand vorm argument
der waffen » (generalissimo e)
fällt echo ein: « es gibt keinen dispens

von der vernunft » (freud) – da zahlst du ein
hast aber keine wahl. Ist freiheit fein

Anmerkung Seite 104

41   who (at

her nons-
elf
's unself too
-thf-
ully lee
-r-

ing) can this plati

-num fl-
oozey
begin to (a
-lm
ost) imagi
-n-

e she is

wer (auf

ihr nichts-
elbsten
unselbst zähn
-eblek-
kend gei
-l-

blickend) mag dies plati

-nblonde fl-
itscherl
(beinah) a
-nfan-
gen zu mei
-nen-

dass sie sei

42   1 (a

     le
     af
     fa

     ll

     s)
     one
     l

     iness

1 (ein

bl
att
fä

ll

t)
ein
z

elkeit

Anmerkungen

zu Gedicht 7: Roupy, im Distrikt Saint-Quentin, vor dem Ersten Welt-
krieg ein Dorf von weniger als 400 Seelen, war bereits zerstört, als die
Einheit, der Cummings angehörte, in dieser Gegend stationiert wur-
de. Die Front hatte sich mittlerweile weiter nach Osten verschoben.

zu Gedicht 16: «slim hot queens with dam next to nothing / on».
Günter Ohnemus, langjähriger Übersetzer postmoderner amerikani-
scher Werke, kommentiert in der *Zeit* vom 3. Februar 1995:
«Die slim hot queens sind nur sehr entfernte Cousinen von Eva Hes-
ses *ranken geilen gören*, aber wir Amateurleser nehmen das als eine
interessante Lichtbrechung. Wir wissen schon, was eine *slim hot queen*
ist, wenn wir eine sehen.» Günter Ohnemus, der dem Dichter hier
eine Nostalgie nach Tunten zuschreibt, übersieht Cummings' prinzi-
pielle Abneigung gegen Homosexuelle, die er meist als «fairies»
bezeichnet. Dem «Amateurleser» ebenfalls nicht bekannt ist der
Umstand, dass nach dem *Oxford English Dictionary* der Ausdruck
«queen» für «weibischer Schwuler» erst 1929 in die Literatur einge-
führt wurde und zwar von Max Lief in *Hangover*, New York 1929, und
danach von Evelyn Waugh in *Vile Bodies*, New York 1930. Cummings'
Gedicht «it really must /be Nice» erschien jedoch 1926 in dem Lyrik-
band *is* 5, also drei Jahre bevor er sich das lexikalische Wissen von
Günter Ohnemus hätte aneignen können.

zu Gedicht 25: Der im Original und in der Übersetzung meist ent-
fallene Buchstabe «o» stellt den im Flug befindlichen Baseball dar.

zu Gedicht 26: Die mit dem Auge kaum zu verfolgenden sich ändern-
den Körperstellungen des Grashüpfers im Sprung werden durch
Änderungen in der Anordnung der Buchstaben seines Namens wie
auch der Buchstaben und der Reihenfolge der Wörter in sämtlichen
Zeilen des Gedichts angedeutet.
Klartext Englisch: grasshopper / who / as we look / up, now gather-
ing (oder auch: as we look / now gathering up) into a T, he / leaps, /
arriving – grasshopper / to / rearrangingly become / grasshopper.
Klartext Deutsch: Grashüpfer / der / wie wir hinsehn / sich jetzt auf-

bäumt / zum T, er hupft / und setzt Grashüpfer / auf / sich wieder anordnend zum / Grashüpfer.

zu Gedicht 32: Die New Yorker Hochbahn wurde vor dem Zweiten Weltkrieg verschrottet und als Alteisen an Japan verkauft. Cummings' Schlusszeilen erinnern an Verse von Francis Bret Harte (1836 -1902) in seinem Gedicht «The Society Upon the Stanislaus»:
Then Abner Dean of Angel's raised a point of order, when
A chunk of old red sandstone took him in the abdomen.
(Bret Harte's Writings; Poems. Cambridge Mass. 1904, S. 137)

zu Gedicht 33: Angespielt wird auf die elektronenoptische Leistung (Vergrößerung auf den 100.000-fachen Durchmesser) des unter der Leitung von V. K. Zworykin entwickelten und 1940 von der Radio Corporation of America öffentlich vorgeführten Elektronenmikroskops.

zu Gedicht 40: General Dwight D. Eisenhower war im Zweiten Weltkrieg Oberkommandierender der Alliierten Streitkräfte in Europa und 1953-61 Präsident der Vereinigten Staaten.

zu Gedicht 41: Klartext Englisch: Who, toothfully leering at her nonself's unself, can this platinum floozey begin to almost imagine she is
Klartext Deutsch: Für wen mag sich dies zähnebleckend auf ihr nichtselbsten Unselbst geil (in den Spiegel) blickendes platinblonde Flitscherl anfangen beinah zu halten

zu Gedicht 42: Klartext Englisch: 1 bzw. a leaf falls / oneliness
Klartext Deutsch: 1 bzw. ein Blatt fällt / Einzelkeit

E. E. Cummings, ein «Klassiker der Moderne»

Wie W. B. Yeats, Ezra Pound, James Joyce. T. S. Eliot, Gottfried
Benn und viele andere zählt der amerikanische Lyriker Edward Estlin
Cummings (1894-1962) heute zu den «Klassikern der Moderne» –
ein Sammelwort, das eine Reihe von unvereinbaren Widersprüchen
zusammensperrt. Nach dem ursprünglichen Wortsinn ist ein Werk
«klassisch», das mit den ästhetischen Regeln des klassischen Alter-
tums oder mit den geltenden Regeln einer Epoche konform geht,
sich jedenfalls in eine kontinuierliche Tradition einordnet, was für
die experimentelle Literatur unseres Jahrhunderts kaum ohne wei-
teres zutrifft. Gemeint ist hier etwas anderes, die neuerliche Anknüp-
fung an eine bereits abgebrochene Kontinuität. Diese Großen der
modernen Literatur unterscheiden sich nämlich von dem subver-
siven Kahlschlag der frühen Avantgarde, die eine «Anti-Kunst»,
genauer gesagt, eine Avantgardekunst für die Masse in die Wege lei-
ten wollte, darin, dass sie nach experimentellen Anfängen ihre Werke
wieder in den herkömmlichen Rahmen der bürgerlichen Hochkunst
einbrachten. Die Dichter der «klassischen Moderne» behaupten
erneut die Abgehobenheit und Einzigartigkeit ihrer Werke und ver-
suchen auf diese Weise ihr geistiges Privileg in eine Gegenwart
hinüberzuretten, in der das Kulturschaffen zunehmend schnöden
Warencharakter angenommen hat. Sie greifen zurück auf den Genie-
kult des vorigen Jahrhunderts und verstehen sich, wie Percy Bysshe
Shelley es damals formuliert hat, als die «heimlichen Gesetzgeber der
Welt», zuständig für die Sinndeutung des gesamten Daseins der
Menschheit.

Unbedingte Voraussetzung für diese Selbstüberhöhung ist die Vor-
stellung von der angeblichen Autonomie der Kunst – ihrer apoliti-
schen Erhabenheit über alle gesellschaftlichen Belange. Das hoch
über den Zeiten stehende Genie weist alle Zumutungen der zeit-
genössischen gesellschaftlichen Gleichmacherei weit von sich, und
damit häufig die Gesellschaftlichkeit überhaupt. Die meisten Klassi-
ker der Moderne rechnen sich einer neuen Aristokratie des Geistes
zu wie Gottfried Benn, der 1919 darauf hinweist, dass der große

Mann und Dichter seine Berufung niemals in der Gesellschaft finden könne, weil «seine Größe vielmehr gerade darin besteht, dass er keine sozialen Voraussetzungen findet, dass eine Kluft besteht, dass er die Kluft bedeutet gegenüber diesem Zivilisationsschotter substantiell gar nicht mehr äußerungsfähiger Typen». Für die leidvolle Entfremdung von Ich und Welt, die aus dieser Haltung entsteht, gibt es dichterisch dann nur noch eine Lösung: den Weg nach Innen, die Artistik, den «Versuch der Kunst, innerhalb des allgemeinen Verfalls der Inhalte sich selbst als Inhalt zu erleben und aus diesem Erleben einen Stil zu bilden» (Benn) – Worte, die der Einstellung von E. E. Cummings durchaus entsprechen.

Aus der Zäsur zwischen dem Programm der frühen Avantgarde und dem kanonischen Anspruch der klassischen Moderne erwuchs für Cummings die spannungsgeladene Paradoxie seines Modernismus: die Weiterführung der subkulturellen formalen Techniken, die im Sinne einer «Anti-Kunst» entwickelt worden waren, und ihr inhaltlicher Einsatz für eine elitäre Hochkunst. Gegen die avantgardistische Infragestellung des Ich – «Man muss das Ich in der Literatur zerstören» hatte F. T. Marinetti 1912 gefordert – hielt Cummings unbeirrbar an einem romantischen Individualismus fest. Es war eine fortgesetzte innere Zerreißprobe, die ihn wie so viele andere Literaturgrößen unserer Zeit zum Kandidaten beider sich bekämpfenden Parteien – der Reaktion wie der Revolution – werden ließ. Cummings' private Aufsässigkeiten – die zeitkritischen Ansätze gegen Konsumzwang und mediale Bevormundung, sein anfänglicher Antipatriotismus und Pazifismus – wurden ebenso wie die experimentellen Provokationen seines Schreibens konterkariert oder neutralisiert von seiner inneren Zugehörigkeit zur ganzen alten Ordnung. In seinem Fall zählte dazu auch das gesellschaftliche und kulturelle Privileg seiner Herkunft, das er sowohl von der liberalen Massendemokratie Amerikas wie von der kollektivistischen Gesellschaftsform des Kommunismus bedroht sah. Der rebellische Ton seiner Dichtung bedeutet also keineswegs, dass er einer Veränderung der Welt in einem progressiven Sinn das Wort redet. Es kam ihm nicht auf Emanzipation und Herrschaftsfreiheit an, sondern auf Meisterschaft und Autorität.

Als Wertprädikat hinwiederum meint der Begriff «klassisch» die kulturellen Höchstleistungen einer Epoche, und in diesem Sinne dürfen viele von Cummings' Gedichten tatsächlich als «klassisch» bezeichnet werden – sie sind gemäß der Definition von Ezra Pound «klassisch kraft einer gewissen ewigen und nicht kleinzukriegenden Frische». Diejenigen Gedichte, die diesem Anspruch genügen, sind in den U.S.A. häufig zum Allgemeingut der Gebildeten geworden. Kein anderer moderner Dichter wird so häufig in amerikanischen Filmen zitiert, insbesondere von Woody Allen. Cummings' typographische Spielereien, die beinah durchgehende Kleinschreibung seiner Texte, die fehlende Leerstelle nach Interpunktionszeichen sowie die übermütige und einfallsreiche Einbeziehung des Slang gegen die etablierte Literatursprache, seine gewagten Halb- und Viertelreime, die Liebeslieder, zugleich zart und rüde (manchmal bis zum Machismus), die singende Emphase seiner Verszeilen, die sich im Ohr einhängen wie Schlagermelodien, das alles gilt in Amerika geradezu als Markenzeichen für «e. e. cummings».

Dies sind die Antinomien, die den existenziellen und ästhetischen Spielraum abstecken, in dem sich Cummings' Werk bewegt. Vieles davon spiegelt sich bereits in den äußeren Umständen seines Lebenslaufs. Vor allem ist da die lebenslange Verhaftung im Elternhaus. Sein Vater Edward Cummings war Soziologie-Professor an der Universität Harvard. Sechs Jahre nach der Geburt des einzigen Sohnes verließ er, der ursprünglich Theologie studiert hatte, die Universität, um für die unitarische Kirche von Boston ein seelsorgerisches Amt zu übernehmen. In jeder Hinsicht war er das Gegenteil eines «zarten menschen», als den sich der Sohn späterhin zu bezeichnen pflegte: über zwei Meter groß, passionierter Bergsteiger, Angler und Jäger. Die Mutter, Rebecca Haswell Clarke Cummings, interessierte sich vor allem für die schöne Literatur. Von Anfang an war sie bemüht, die ersten geistigen Regungen des begabten Sohnes auf die Dichterlaufbahn zu lenken. So hatte Cummings bereits mit drei Jahren das Alphabet intus, mit sechs begann er unter mütterlicher Aufsicht ein Tagebuch zu führen, bald verfasste er die ersten Reime. Auch von Seiten des Vaters wurde das künstlerische Interesse des Sohnes gefördert – vom fünften Lebensjahr an erhielt er Unterricht im Zeichnen und Malen. Der Alltag im Hause Cummings war bestimmt von «plain living and high thinking», den Idealen der einfachen Lebensweise und höheren Werte, wie es den puritanischen Traditionen einer bestimmten amerikanischen Oberschicht entsprach.

So war Cummings, als er mit siebzehn Jahren an die Universität Harvard ging, bereits ein recht gewiefter Verfertiger von Versen, Federzeichnungen und Aquarellen. 1915 graduierte er magna cum laude und verlas zur Verleihungsfeier einen Essay «The New Art» über die neuesten europäischen Kunstrichtungen, vor allem Kubismus und Futurismus. Den Magister erhielt er 1916. Dem Rat seines Vaters folgend, knüpfte er während der Studienzeit freundschaftliche Beziehungen zu den betuchten Kommilitonen, die der von ihm und den Eltern geplanten Karriere eines Maler-Dichters zugute kommen sollten. Nach dem Abschluss zog es Cummings zunächst nach New York, wo er sich mit wechselndem Erfolg nach einem Job als Zeitschriftenredakteur umtat. Von seinem Studienfreund aus Harvard, Scofield Thayer, dem späteren Begründer und Mitherausgeber der angesehenen Avantgardezeitschrift «The Dial», erhielt er den Auftrag, für ein fürstliches Honorar ein Gedicht zu seiner Hochzeit («Epithalamion») mit Elaine Orr, ebenfalls aus reichem Hause stammend, zu verfassen.

Doch es half nicht viel. Ohne ein regelmäßiges Einkommen konnte sich Cummings auf Dauer in New York nicht halten. So kehrte er zu den Eltern in Boston zurück. Nicht aus Kriegsbegeisterung, sondern um der Familienatmosphäre baldmöglichst zu entkommen, meldete er sich im April 1917 als Freiwilliger zu einer Ambulanz-Einheit des amerikanischen Roten Kreuzes in Europa und wurde nach Frankreich eingeschifft. Während der Überfahrt freundete er sich mit William Slater Brown, einem Studenten der Columbia Universität, an. Beim Eintreffen in Paris meldete sich Cummings kurz beim Ambulanzkorps, versäumte es aber, eine Anschrift zu hinterlassen. Auf diese Weise konnte er mit seinem neuen Freund fünf Wochen lang das Leben von Montmartre in vollen Zügen genießen. Danach sprachen die beiden wieder bei ihrer Einheit vor und wurden zum Einsatz abgestellt, nicht an die Front, sondern in ein zurückerobertes Dorf namens Germaine in der Nähe von Saint-Quentin. Weder Cummings noch Slater Brown konnten sich für den stupiden Drill und die sinnlos scheinenden Feldübungen ihrer Einheit erwärmen. So machten sie sich bei ihrem Vorgesetzten unbeliebt. Nach knapp drei Monaten Dienst wurden die Neuengländer von der französischen Sûreté verhaftet: die Zensur hatte einige Briefe von Slater Brown an Emma Goldman abgefangen, eine berüchtigte Anarchistin, die gegen den Kriegseintritt der U.S.A. agitierte. Mit Einwilligung ihres Vorgesetzten wurden die beiden jungen Amerikaner am 21. September 1917 in die französische Internierungsanstalt La Ferté-Macé eingeliefert. Doch nun trat Cummings' Vater in Aktion. Er legte sich bei den amerikanischen Behörden so energisch ins Mittel, dass der Sohn nach genau drei Monaten aus der Haft entlassen wurde und sich nach New York einschiffen konnte. Dort ließ sich der angehende Maler-Dichter erneut nieder, wurde im Juni 1918 regulär eingezogen, aber bereits im Januar 1919 wieder aus der Armee entlassen. Zunächst kehrte er noch einmal ins Elternhaus zurück, wo der Vater ihm einen größeren Geldbetrag stiftete mit der Auflage, einen ausführlichen Bericht über seine Erlebnisse in der französischen Inhaftierung zu verfassen. Mit diesem finanziellen Polster konnte sich Cummings endlich ein Atelier in New York leisten und den Kontakt zu seinem ersten Gönner, Scofield Thayer, wieder aufnehmen.

Trotz aller Beteuerungen seiner persönlichen Autonomie war Cummings zu der Auffassung gelangt, dass es keinen ersichtlichen Grund gäbe, nicht wie die großen Maler und Dichter früherer Zeiten von reichen Mäzenen zu leben. Einer seiner engsten Freunde aus der Studienzeit in Harvard, John Dos Passos, äußerte dazu: «Er meinte, einen Dichter müssten die Raben speisen. Und das taten die denn auch.» Vor allem die Federzeichnungen, Aquarelle und Ölbilder, die er im Auftrag von Freunden ausführte, ermöglichten Cummings eine prekäre Existenz als Single. Von 1915 an hatte er sich intensiv mit den verschiedenen avantgardistischen Techniken beschäftigt, wie sie vorwiegend im Kubismus und Futurismus entwickelt worden waren. Als Maler-Dichter interessierte ihn die gegenseitige Durchdringung der künstlerischen Zeit- und Raumformen, mit der die Gattungen aufgebrochen und eine synästhetische Erfahrung von Poesie + Malerei + Musik in den Bereich des Möglichen geholt wurde. Die radikale kubistische und futuristische Dekomposition der altgewohnten Wahrnehmung der «Gegebenheiten», die auseinandergerückt, verschoben und zerlegt wurden, ging parallel mit einer Rekomposition, in der sie auf völlig willkürliche und unvorhersehbare Weise ummontiert erschienen. Cummings' ausdrückliches Bekenntnis zur Dynamik gegen jede Stasis verweist auf die überragende Bedeutung des Futurismus für seine eigene künstlerische

Entwicklung. Es dürfte vor allem F. T. Marinettis epochales Manifest des Jahres 1913, das die «Zerstörung der Syntax» fordert, gewesen sein, was sich auf vielfache Weise auf seine Dichtung ausgewirkt hat. Die Kritik hat die exzentrische Typographie von Cummings eher in Zusammenhang mit Guillaume Apollinaires «calligrammes» gebracht, dem Versuch, Gedichte typographisch als Bilder zu gestalten, als mit den revolutionären graphischen Neuerungen des Futurismus. Dagegen spricht, dass Cummings' typographisch gestaltete Gedichte keine Bilder darstellen, sondern Bewegungen – sukzessive Veränderungen im Zustand von lebenden oder leblosen Objekten. Das malerische Werk seiner Anfangszeit allerdings weist kubistische Züge auf, eine allgemeine Geometrisierung der Formen, die durch ungewöhnliche Anordnungen, manchmal auch durch das Weglassen oder die Überbetonung von Bildelementen zustande kommt. In späteren Jahren wurde seine Malweise etwas konventioneller.

Neben den Federzeichnungen und den Versen, die Thayer in «The Dial» veröffentlichte, baute Cummings die Notizen aus der Internierungszeit zu einem Buch aus, das 1922 unter dem Titel «The Enormous Room» erschien und großen Anklang fand. Darin wird ein Grundthema seines Lebens sehr deutlich: die Behauptung des freien Individuums gegen alle kollektiven Zwänge, hier besonders die von Militär und Behörden. In einer Aneinanderreihung von Charakterskizzen und Anekdoten aus der großen Gemeinschaftszelle der Haftanstalt schildert der Autor, wie er, der «seifenfrische und wohlgenährte Sohn aus gutem Hause», zum ersten Mal in hautnahen Kontakt mit den verwahrlosten Außenseitern der Gesellschaft gerät und am eigenen Leibe das ohnmächtige Ausgeliefertsein an namenlose und unansprechbare Mächte erfährt. So kristallisierte Cummings aus persönlichem Missgeschick eines der lebendigsten und trotzigsten Bücher des Ersten Weltkriegs.

Während der Arbeit an dem Buch war Cummings nach Paris übergesiedelt, wo ihm und etlichen anderen literarischen Größen Amerikas – Gertrude Stein nannte sie die «lost generation» – der überaus günstige Wechselkurs zwischen Dollar und Franc ein Leben in Saus und Braus gestattete. Hier machte er Bekanntschaft mit der späteren Avantgarde: mit Dada und den Anfängen des Surrealismus. Er lernte Ezra Pound, einen der großen Bahnbrecher der Moderne, kennen, der ihn auf einen langen Spaziergang durchs nächtliche Paris mitnahm. Später notierte er: «Während unserer ganzen Promenade war Ezra mehr als geistreich, er war von einer sagenhaften Sanftheit, so wie es nur ein ganz großer Mann gegenüber einem schüchternen Kinde sein kann.» (Dreißig Jahre später, im November 1945, wurde Pound, des Hochverrats angeklagt, nach Amerika eingeflogen, um vor Gericht gestellt zu werden. Sein Anwalt Julien Cornell berichtete Cummings von der verzweifelten Lage des alten Freundes, der zu dieser Zeit völlig mittellos war. Ohne zu zögern überreichte Cummings dem Anwalt einen Scheck über tausend Dollar, den er gerade für ein Gemälde des Mount Chocorua erhalten hatte: «Nehmen Sie den und verwenden Sie ihn für Ezra.»)

1923 erschien Cummings' erster Gedichtband «Tulips & Chimneys» mit Gedichten meist älteren Datums, unter denen sich bereits einige seiner besten finden. Viele der Liebesgedichte darin sind an Elaine Orr Thayer adressiert, die Frau seines hilfsbereiten Freundes. Er heiratete sie im Mai 1924 nach ihrer Scheidung. Elaines Tochter Nancy, geboren 1919 (im Jahr des «Epithalamion»), wurde nun von Cummings adoptiert. Sie sollte erst im Alter von 29 Jahren erfahren, daß nicht Thayer, sondern Cummings ihr leiblicher Vater war. Schon ein paar Wochen nach der Eheschließung verließ Elaine ihren neuen Ehemann. Eine Begründung für diesen Schritt finden wir in ihrer Warnung an den Kritiker Edmund Wilson: «Fallen Sie bloß nicht auf Cummings' Selbstdarstellung als Rebell rein.» An Cummings selber schrieb sie ein paar Monate nach der Trennung: «Du, der Du als modernistischer Dichter und Rebell lebst, regredierst andererseits zur totalen Unfähigkeit, Dich auf irgendeine Veränderung in Deinem privaten Dasein umzustellen.» Für Cummings war die Trennung von Elaine eine traumatische Erfahrung, die er unverweilt in einen Roman umsetzte und später in ein Theaterstück abwandelte, die beide unveröffentlicht blieben. Die bittere Erfahrung ließ ihn erneut den Trost und die Geborgenheit des Elternhauses aufsuchen.

Doch Cummings' Freunde waren unterdes nicht untätig. Sie besorgten ihm ein Atelier in Greenwich Village, dem Künstlerviertel von New York. Es bestand aus einem hellen Zimmer mit Bett und Kochgelegenheit im dritten Stock des Hauses «4 Patchin Place». Diese Adresse wurde literaturnotorisch, denn Cummings wohnte für den Rest seines Lebens dort. Von Patchin Place aus machte er mit seinen Saufkumpanen die Bohemewelt von New York unsicher. Unter Alkoholeinfluss ließ er seinem Sprechanismus freien Lauf – ein unversiegbarer Redeschwall, quirlig und ruppig, manchmal bis zu acht Stunden lang durchgehalten, von den Künstlerfreunden ebenso bewundert wie gefürchtet. Mitte 1925 schien auch sein privates Beziehungsproblem eine Lösung zu finden: er lernte das Mannequin Anne Barton kennen, die geschiedene Frau eines erfolgreichen New Yorker Karikaturisten. Gegen Ende des Jahres erhielt Cummings den gut dotierten «Dial Award» für literarische Verdienste, was ihm und Anne eine Reise nach Paris und Venedig ermöglichte. Nach der Heimkehr blieb Anne in New York, um die Wohnung am Patchin Place instandzusetzen, während Cummings ein Sommerhaus seiner Eltern am Silver Lake bezog, um seine Beziehung zu Anne in ein Theaterstück, «Him», umzusetzen. Darin ist «Him» (= Er) Cummings, «Me» (= Ich) Anne, der Autor aber der «Mann im Spiegel», also Hims Spiegelbild. Diese zunächst vielversprechende Konstellation wird nicht weiterentwickelt und verkümmert als Hintergrund der Aktion – einer aleatorischen Aneinanderreihung von prägnanten Szenen aus der Halbwelt des Vaudeville. Die Erstaufführung an einer kleinen New Yorker Bühne 1928 hatte keinen Erfolg. Doch rettete seine schiere Unüberschaubarkeit das Stück als literarisches Kuriosum.

Die anhaltenden Probleme im Zusammenleben mit Anne Barton führten Cummings auf Anraten seiner Freunde Ende 1928 dazu, einen Psychiater der Freudschen Schule aufzusuchen. Der baute im Verlauf von vierzig Sitzungen das Selbstbewusstsein seines Patienten wieder auf. Derart neu gestärkt und motiviert, heiratete Cummings am 1. Mai 1929 seine Anne und schrieb neun Stücke Nonsens-Prosa. Das Jahr 1930 brachte eine weitere bedeutende Anerkennung: Louis Untermeyer nahm eine Auswahl seiner Gedichte in die vierte Ausgabe seiner maßgeblichen Anthologie «Modern American Poetry; A Critical Anthology» auf, wodurch Cummings' Gedichte zum ersten Mal einen wirklich breiten Leserkreis erreichten. 1931 erschien «CIOPW», ein Buch mit Reproduktionen von Cummings' malerischem Schaffen.

Neuerlichen Komplikationen mit Anne – sie war schwanger geworden und wollte abtreiben – entzog sich der Dichter 1931 in einer fünf Wochen langen Reise – vom 10. Mai bis zum 14. Juni – durch

Russland. Wie zuvor in der Internierung führte er ein Tagebuch über seine Eindrücke, das er 1932/33, auf den zehnfachen Umfang (432 Seiten) erweitert, unter dem Titel «EIMI» (griech.: «ich bin») veröffentlichte. Was immer die persönlichen Gründe dafür gewesen sein mögen, das Buch zeigt unabweisbar, dass Cummings die Reise bereits mit dem festen Vorsatz antrat, sich von den leidigen Russen nichts bieten zu lassen. Schon vor der Einreise vermerkte er in seinem Tagebuch: «Stinkt's schon, oder sind wir erst in Polen?» Seine vorgefasste Meinung, dass die Slawen «unpeople» (= keine-leute bzw. nichtmenschen) sind, wird überall bestätigt. Die russischen Frauen sind «unfrauen», «unmänner» oder «pseudofrauen». In einem Brief stellt er fest: «Das weibliche existiert einfach nicht (...) die frauen rauchen, tragen zu kurze röcke, sind klobig oder rundlich oder beides, mit ausnahme vielleicht der schauspielerinnen, die sich (zu propagandistischen zwecken) als leichte mädchen aufmachen.» Die Männer sieht man nie lächeln, und sie stinken. Den amerikanischen Landsleuten, die den Dichter in Moskau, Kiew und Odessa betreuten, schlägt die gleiche Verachtung entgegen: es sind keine Neuengländer, sondern Linke, Schwule, Juden. «EIMI» enthält keinerlei nachvollziehbare Systemkritik – es verliert sich in einer einschläfernden Zerfahrenheit ohne gedanklichen Faden. Die Kritik hat später versucht, in «EIMI» eine Variante des Bewusstseinsstroms von James Joyce oder den Einfluss der umfangreicheren Werke von Gertrude Stein zu sehen, aber Cummings bestritt das: er bewundere Gertrude Stein, aber nicht wegen ihrer literarischen Texte, sondern wegen ihrer wackeren Parteiname für das Vichy-Regime unter Marschall Pétain. In seiner gewollt exzentrischen Schreibweise erwies sich «EIMI» als nahezu unlesbar. Sogar der Freund Ezra Pound, der das Werk weit über Joyces «Finnegans Wake» stellte, hat nachweislich nicht mehr als zwei Seiten davon durchgestanden. Die Verwandtschaft zwischen dem anomalen Satzbau von Cummings' Gedichten und der Technik von James Joyce in «Finnegans Wake» hält näherer Betrachtung nicht stand. Der Unterschied zwischen beiden Werken beruht darin, dass der Text von Joyce syntaktisch normal und nur semantisch anomal ist, während Cummings' Texte syntaktisch wie semantisch anomal sind.

Unmittelbar nach der Rückkehr aus Russland wurde Cummings von Anne verlassen. Doch nun lernte er Marion Morehouse kennen, auch sie ein Star-Mannequin und später eine bekannte Photographin. In ihr vereinigten sich für den Dichter «Elaine, Anne, die Jungfrau Maria und Marilyn Monroe». Mit Marion Morehouse lebte er fortan zusammen, ohne sie je zu heiraten. Gemeinsam unternahmen sie Reisen nach Tunis und Paris, nach Mexiko City und 1935 nach Kalifornien und Hollywood, wo Cummings mit Irving Thalberg über Möglichkeiten verhandelte, als Drehbuchautor zu arbeiten. Das Projekt zerschlug sich ebenso wie die geplante Zusammenarbeit mit den Walt Disney Studios.

Alle diese Bemühungen sind etwas merkwürdig für einen so dezidierten Feind der Massenmedien und des manipulierten Konsums. Die von der Warenform der industriellen Produktionsweise bedingte Gleichschaltung machte doch, wie Cummings erkannte, den Menschen selber zu einem Industrieprodukt, einer Ware, die er in seinem charakteristischen Jargon «meisteleute» nennt. «Meisteleute» lassen sich kollektive Leerformeln als politische Inhalte einreden: Fortschritt, Freiheit, ideologische Kreuzzugskriege usw. Die Wesenlosigkeit der derart ausgehöhlten Menschen, die ihr Eigenleben für die Bequemlichkeit eines vorgefertigten Daseins verkauft haben, macht sie zur leichten Beute des Massentods – des leiblichen wie des geistigen. Sie sind diejenigen, die «nicht stoppten um zu denken lieber starben sie».

Das Bild, das sich die Öffentlichkeit von seinen politischen Standpunkten machte, ironisierte er: «Freilich bin ich der intra-ultraunglaubliche präprotofaschistische kühkasische oger, der zum frühstück rosarote philosemiten verspeist zum mittagessen gelbe liberale und zum abendessen schwarze demokraten.» («kühkasier», engl. «cowcatchers», wörtlich «Schienenräumer» für Lokomotiven, hier als Wortspiel auf «Kaukasier», amtliche amerikanische Bezeichnung für «Weiße»; «rosarot», engl. «pink» = linksliberal; «gelbe liberale», engl. «yellow liberals» = rückgratlose Liberale.) Tatsächlich hat sich Cummings sein Leben lang gegen alle diese gesellschaftlichen Gruppen gestellt.

In den Jahren des «New Deal» gehörte er zu den erbitterten Gegnern der sozialen Reformen des Präsidenten F. D. Roosevelt. Später war er dann ein glühender Befürworter von Senator Joseph McCarthys Hexenjagd auf Andersdenkende, wobei er den Erzfeind jedoch eher in den Liberalen als in den Linken sah. 1962 schlug er voller Verachtung eine Einladung des Präsidenten Kennedy ins Weiße Haus aus: «The Kennedy-Kulcher (Mick-kike) tie-up» (die Kennedy-Kultur, ein irisch-jüdischer Klüngel) stand weit unter seinem eigenen gesellschaftlichen Rang.

Erst in den fünfziger Jahren erlangte Cummings endlich die finanzielle Unabhängigkeit. Während des Kalten Krieges wurde er von vielen amerikanischen Universitäten zu Lesungen aus «EIMI» eingeladen. Eine lange Reihe von literarischen Ehrungen wurde ihm nun zuteil: 1950 die Mitgliedschaft in der Academy of American Poets; 1951 ein Guggenheim Stipendium; 1952 lud ihn seine Alma Mater Harvard ein, sechs Gastvorlesungen zu halten, die er später in «i: six non-lectures» als sein ästhetisches Manifest in Buchform veröffentlichte. 1955 erhielt er den National Book Award, 1957 den von der Universität Yale verwalteten heißbegehrten Bollingen Prize for Poetry.

Als sich von 1958 an allmählich in der Beatnik-, später in der Hippie-Bewegung eine Revolte der Jugend anbahnte, die zu der großen Protest- und Bürgerrechtsbewegung der sechziger Jahre führen sollte, verstand Cummings, der Sänger der Jugend und des Lebens, die Welt nicht mehr: «Ein asbestvorhang senkte sich zwischen meine zeit und die gegenwärtige epoche.»

Der Dichter starb am 3. September 1962 an einer Gehirnblutung in seinem kleinen Sommerhaus am Silver Lake, dort, wo er als Kind die Sommerferien mit seinen Eltern verbracht hatte. Cummings' Nachlass enthielt 2000 Aquarelle und Ölbilder, 1000 Zeichnungen, 80 Skizzenmappen. Sein lyrisches Werk ist mit 968 veröffentlichten Gedichten sehr umfangreich, das rührt daher, dass er keine trennscharfe Unterscheidung zwischen gelungenen und weniger gelungenen Texten traf. Dass seine Dichtung keinerlei Reifungsprozess aufweist, lag durchaus in seiner Absicht: «reifen würde bedeuten, dass man älter wird.» Die kindliche Verspieltheit seiner Verse, die uns an den besten Gedichten bezaubert, verzerrt sich in den weniger guten Texten mitunter zu dem emotionalen Infantilismus einer «heilen Welt». Beide Modalitäten der blockierten Entwicklung blieben ihm bis ins hohe Alter erhalten. In positiver wie in negativer Hinsicht war der bestimmende Faktor seines Lebens die hypertrophierte Vorstellung von der Autonomie des eigenen Ich – ein Selbstverständnis, das völlig von überkommenen bürgerlichen Bildungsbegriffen wie «Schöpfertum und Genialität, Ewigkeitswert und Geheimnis» (Walter Benjamin) geprägt war. Diese Überhöhung entsprang in letzter Instanz einer großen Verletzlichkeit und Lebensangst, die kompensiert werden mussten. Die tiefe Sinnkrise der Kunst in unserem Jahrhundert, die aus ihrer zunehmenden Funktionslosigkeit in der Warengesellschaft entspringt und die nach dem Programm der frühen Avantgarde durch eine Aufhebung der Trennung zwischen E- und U-Kunst überwunden werden sollte, konnte er auf diese Weise nicht in Griff bekommen. Sein elitäres Selbstverständnis führte zu bösen Verhärtungen und Verzerrungen gegenüber der Mitwelt – eben der Einordnung von Menschen «nach kategorien und schubfächern», in der er selber eine Ausdrucksform des Hasses erkannt hatte.

Vielleicht sollten wir uns angesichts der zwiespältigen Gefühle, die dieser «Klassiker der Moderne» auslöst, mit dem Urteil des amerikanischen Kritikers Leslie Fiedler bescheiden: «Wie alle anderen ist Cummings ein wenig ein Charakterschwein, wie wenige andere ist er ein überragender Künstler. Es gibt ja kaum ein Kunstwerk, das nicht auf irgendeine Weise von der Gehässigkeit, der Unbeherrschtheit, der Wehleidigkeit, der Selbstgefälligkeit, der Selbstverkleinerung oder der Feigherzigkeit seines Urhebers verunstaltet worden ist. (…) In letzter Instanz ist es nicht so ausschlaggebend, dass Cummings ein Antisemit gewesen sein soll (was er mit unzähligen anderen Armleuchtern gemein hat), wie, dass er imstande war, harmonische und schöne Dinge aus seinem chaotischen und mangelhaften Herzen zu schaffen.»

Cummings' Grundstrategie gegen das genormte und vorgefertigte Denken besteht in der Entwicklung einer Reihe von Verfahren, die unsere gewohnten starren Wahrnehmungskategorien in ihre Bestandteile auflösen. Schon im «Enormous Room» hatte er programmatisch erklärt: «Es kann keine echte kunst geben, solange wir nicht die ‹bon trucs› (durch die wir lernen, auf leinwand, in stein oder worten diese sogenannte welt zu reproduzieren) gänzlich und durchaus vernichten durch jenes ungeheure und schmerzhafte verfahren des entdenkens, das vielleicht ein quentchen von rein persönlichem empfinden ergibt.» Durch das «Entdenken» gelangt Cummings zu einer Sondersprache, in der die grammatikalischen Bestandteile des Satzes durcheinander geraten. Überall begegnen wir der Nominalisierung von Adverbien und Adjektiven und dem paradoxen gleichzeitigen Setzen und Negieren von Nomen wie dem «Unselbst». Jegliche semantische Eindeutigkeit der Aussage wird dadurch dauernd unterlaufen und ironisiert. Ein weiteres Verfahren, durch das er der Fertigteil-Sprache entrinnt, ist in anderer Weise paradox: Cummings bedient sich mit Bedacht stereotyper Wendungen, die er auseinandernimmt und neu zusammensetzt, um ihre inhärente Bösartigkeit zu entlarven. Auch in formaler Hinsicht ist er ein Meister des Paradoxon: so bedient er sich wiederholt der streng geschlossenen traditionellen Gedichtform des Sonetts, das er auf unzählige Weisen modernistisch aufbricht. Unter den typographischen Experimenten, die einen großen Raum in seinem Werk einnehmen, hat die Kritik – sicher zu Recht – besonders das «Grashüpfer»-Gedicht gepriesen. Doch führt die Wiederholung desselben Kunstgriffs nicht immer zu gleichwertigen Ergebnissen. Allzu häufig zeigt das Durcheinanderwirbeln der Buchstaben an, dass dem Dichter die Inhalte ausgegangen sind: wenn der Leser die typographische Zerstückelung erst einmal mühsam aufgehoben hat, entdeckt er hinter dem aufregenden Experiment zuweilen nur einen volltönenden Gemeinplatz, der offensichtlich das Saatkorn zu dem Gedicht gewesen ist.

Das selbstgesetzte Programm des Entdenkens schlägt sich zudem in einer gewissen Pedanterie nieder, die Cummings, diesem Anwalt der lebendigen Spontaneität, seltsam genug zu Gesicht steht. Seine Topoi polarisieren sich dann nach dem binären Schema des Entweder-Oder, so dass er zwar die konventionellen Regeln der Syntax zerstört, aber nur um sie durch seine eigene Algebra der Werte zu ersetzen. Die Aussage ist dann in quasimathematischen Gleichungen von strenger Symmetrie eingefroren, wie etwa in der Formel: «und knospen wissen mehr als bücher nicht wachsen.» Obwohl sich so viele von Cummings' Gedichten infolge von derlei formalistischen Ticks in einer gewissen leeren Eleganz verlieren, finden wir andrerseits bei ihm eine respektable Anzahl immergrüner Gedichte, die das Schaffen der meisten seiner literarischen Zeigenossen in Amerika und England in den Schatten stellen. Diese Gedichte gehören fraglos zu den besten lyrischen Texten des Jahrhunderts – Yeats, Eliot und Pound nicht ausgenommen.

Der hier vorgelegte Band bringt einen chronologischen Querschnitt durch Cummings' lyrisches Werk, worunter viele seiner besten Gedichte sowie eine repräsentative Auswahl seiner typographischen Experimente zu finden sind.

Eva Hesse

Bibliographie

Werke von E. E. Cummings

Gedichte:
1923 Tulips & Chimneys (daraus unsere Gedichte Nr. 1-13)
1925 & AND (daraus 14, 15)
1925 XLI Poems
1926 is 5 (daraus 16-22)
1931 W [ViVa] (daraus 23, 24)
1935 no thanks (daraus 25, 26, 27)
1938 New Poems [From Collected Poems] (daraus 28)
1940 50 Poems (daraus 29, 30, 31)
1944 1 x 1 [One Times One] (daraus 32-36)
1950 XAIPE [chaire] (daraus 37-40)
1954 Poems 1923-1954
1958 95 Poems (daraus 41, 42)
1963 73 Poems
1968 Complete Poems 1923-1962
1973 Poems 1905-1961
1991 Complete Poems 1904-1962, Hg. G. J. Firmage

Prosa und anderes:
1922 The Enormous Room
1927 Him
1930 No Title (Buch ohne Titel)
1930 Anthropos: The Future of Art
1931 CIOPW (Kunstreproduktionen)
1933 EIMI
1935 Santa Claus: A Morality
1953 i: six non-lectures
1958 A Miscellany
1965 Fairy Tales
1969 Selected Letters

Deutschsprachige Ausgaben →

Die Gedichte Nr. 3 und 10 dieser Ausgabe erschienen erstmals in Die Neue Zeitung (München) am 6. Februar 1950; das Gedicht Nr. 2 ebda. am 24. Oktober 1954 und das Gedicht Nr. 8 ebda. am 9. Dezember 1954 – alle in der Übersetzung von Eva Hesse.

Der endlose Raum, E. Kaiser u. H. M. Braem, Stuttgart 1954, erneut u. d. T. Der ungeheure Raum, Zürich 1961, Stuttgart 1982, Frankfurt 1987.

Gedichte, englisch und deutsch. Übersetzung von Eva Hesse. Langewiesche-Brandt, Ebenhausen bei München 1958, 1967, 1982, 1990. Der vorliegende Band ist eine erweiterte, leicht überarbeitete, chronologisch angeordnete Neuausgabe dieses Buches.

Anthropos. Die Zukunft der Kunst; Deutsch von Eva Hesse. Santa Claus; Eine Moralität; Deutsch von Eva Hesse. Beide Rowohlt Theater Verlag, Reinbek 1963.

Ihm. Phantasmagorisches Spiel. Deutsch von Peter Löffler. Rowohlt Theater Verlag. Reinbek 1965.

Fairy Tales – Märchen. Übersetzung von Hanne Gabriele Reck. Langewiesche-Brandt, Ebenhausen bei München 1971; weitere Auflage in der Reihe dtv zweisprachig; überarbeitete Neuausgabe, mit Zeichnungen von Antonia Cormeau, Ebenhausen 1981.

so klein wie die welt und so groß wie allein. Gedichte, englisch und deutsch. Herausgegeben von Klaus-Dieter Sommer; verschiedene Übersetzer. Verlag Volk und Welt, Berlin (DDR) 1980.

like a perhaps hand. Poems – Gedichte. Übersetzung und Nachwort von Lars Vollert. Langewiesche-Brandt, Ebenhausen 2000.

39 Alphabetisch – Amerikanisch/Deutsch, ausgewählt und übersetzt von Mirko Bonné. Engeler, Basel; Weil am Rhein; Wien 2001.

i. six nonlectures – ich. sechs nichtvorträge. Übersetzung von Lars Vollert. Langewiesche-Brandt, Ebenhausen 2005.

Sekundärliteratur (Auswahl)

R. P. Blackmur, Notes on E. E. Cummings' Language (1930). in: Blackmur, Form & Value in Modern Poetry (New York: Doubleday 1957). Eine bis heute nicht übertroffene weitsichtige Wertung.
George S. Fraser, The Aesthete and the Sentimentalist, in: Partisan Review XXII (Frühjahr 1955, S.227-8). Eine psychologisch aufschlussreiche Notiz.

Irene R. Fairley, E. E. Cummings and Ungrammar. A Study of Syntactic Deviance in his Poems, (New York: Watermill 1975).

Richard S. Kennedy, Dreams in the Mirror. A Biography of E. E. Cummings (New York: Liveright 1980). Eine zuverlässige Darstellung auf Grund von Tagebüchern und anderen Materialien, die Cummings' Tochter zugänglich gemacht hat. Diese Biographie ersetzt die frühere, von Cummings zensierte, redigierte und abschnittweise selbst verfasste Biographie von Charles Norman, The Magic-Maker E. E. Cummings (New York: Macmillan 1958).

Christopher Sawyer-Lauçanno, E.E. Cummings: A Biography (Sourcebooks, Naperville, U.S.A. 2004)

Nancy Cummings de Forêt, Charon's Daughter; A Passion of Identity (New York: Liveright 1977). Die Autobiographie von E. E. Cummings' Tochter.

Inhaltsverzeichnisse

Vorab in kleinem Druck das Verzeichnis der Gedichte, die in dem von
Lars Vollert herausgegebenen Band stehen. Danach das Verzeichnis
der Gedichte des vorliegenden Bandes. Die eingeklammerten Zahlen
sind die Seitenzahlen der *Complete Poems* 1904-1962 ed. Firmage.

What is thy mouth to me? (917) Was ist dein mund für mich?
I love you / For your little, startled, thoughtless ways (919) Ich liebe dich / Für
You are tired, / (I think) / Of the always puzzle (923) Du bist müde, / (Glaub ich)
They have hung the sky with arrows (929) Sie verhängten den himmel
let us suspect, chérie, this not very big / box (957) beargwöhnen wir, chérie
the spring has been exquisite and the / summer (961) der frühling war vorzüglich
as / we lie side by side (963) wenn / wir seite an seite liegen
dawn / and now.begins / f e e l i n g (970) dämmerung / und nun.beginnt
sometimes i am alive because with / me (973) manchmal bin ich lebendig weil
you said Is / there anything which / is dead (978) du sagtest Ist / da etwas das
is / it / because there struts a distinct silver lady (979) ist / es / weil eine deutliche
as one who (having written / late) sees his light (980) wie einer der (geschrieben
in front of your house i / stopped (982) vor deinem haus hielt ich / inne
Lady, i will touch you with my mind (983) Teure, ich werde dich mit meinem
Lady, since your footstep / is more frail (991) Teure, da deine schritte / mehr zart
being (just a little) / too tired from kissing (992) noch (nur ein wenig) zu müde
Lady / i pray to what is unimaginable (993) Teure / ich bete zu etwas
look / my fingers, which / toched you (1002) schau / meine finger, die / dich
when of your eyes one smile entirely brings down (1003) wenn aus deinen augen
i spoke to thee / with a smile (32) ich sprach zu dir / mit einem lächeln
lean candles hunger in / the silence (36) magere kerzen hungern / in / der stille
i walked the boulevard / i saw a dirty child (81) ich ging auf dem boulevard
suppose / Life is an old man carrying flowers (189) angenommen / Leben ist
Spring is like a perhaps hand (197) Frühling ist wie eine vielleicht hand
in spite of everything / which breathes and moves (289) trotz allem / was atmet
since feeling is first / who pays any attention (291) da gefühl zuerst kommt
in a middle of a room / stands a suicide (339) in einer mitte eines zimmers
if there are any heavens my mother will (all by herself) (353) falls es himmel gibt
be unto love as rain is unto colour; create / me (373) sei zur liebe wie regen
sometimes / in) Spring a someone will lie (428) manchmal / im) Frühling ein

up into the silence the green / silence (529) hoch in die stille die grüne / stille

no man, if men are gods; but if gods must (562) kein mensch, falls menschen

(fea / therr / ain / : dreamin / g (653) (fe / derr / egen / : träum / t

a like a / grey / rock wanderin / g (654) ein wie ein / grauer / fels wandern / d

un(bee)mo / vi / n(in)g (691) re(biene)gung / s / l(in)os

silence / . ist / a / looking / bird (712) stille / . ist / ein / schauender / vogel

out of night's almosT Floats a colour (719) aus dem beinah der nachT Treibt

f / eeble a blu / r of cr / umbli / ng m / oo / n (723) sch / wach ein fle / ck

dive for dreams / or a slogan may topple you (732) tauche nach träumen / sonst

seeker of truth / follow no path (775) sucher der wahrheit / folge keinem pfad

e / cco the uglies / t / s / ub / sub / urba / n (788) e / cco die hässlich / ste

fearlessandbosomy / this / grand : goal (792) furchtlosunddrall / dieses

Now i lay(with everywhere around) / me (816) Nun lege ich(mit überall

enter no(silence is the blood whose flesh / is singing) (839) betritt keine(stille

Inhaltsverzeichnis des vorliegenden Bandes

1 Thy fingers make early flowers of (14)·
   Deine finger machen frühlingsblumen 6 · 7

2 All in green went my love riding (15)
   Ganz in grün ritt feinsliebchen hatzen 8 · 9

3 in Just-/spring (27)
   im Fast-/frühling 12 · 13

4 my love/thy hair (33)
   meine freundin/dein haar 14 · 15

5 your little voice/Over the wires (41)
   dein stimmchen/Kam über die drähte 18 · 19

6 Humanity i love you (53)
   Menschheit ich liebe dich 20 · 21

7 the bigness of cannon/is skilful (55)
   kanonenkraft ist wohl/kunstvoll 22 · 23

8 O sweet spontaneous/earth (58)
   O süße eigensinnige/erde 24 · 25

9 Lady of Silence (59)
   Herrin der Stille 26 · 27

10 the hours rise up putting off stars and it is (67)
   die stunden steigen herauf sterne ablegend und es ist 28 · 29

11 i will wade out/till my thighs (68)
   ich wate hinaus/bis meine lenden 32 · 33

12 the moon is hiding in/her hair (105)
   der mond birgt sich in/ihrem haar 34 · 35

13 at the head of this street a gasping organ is waving (109)
   straßaufwärts schwenkt ein keuchender leierkasten 36 · 37

14 Paris; this April sunset completely utters (183)
   Paris im April: das abendrot gibt fertig von sich 40 · 41

15 i like my body when it is with your/body (218)
   ich mag meinen Körper wenn er bei deinem/körper ist 42 · 43

16 it really must/be Nice.never to (240)
   es muß wirklich/Nett sein niemals 44 · 45

17 she being Brand/-new (246)
   weil sie Nagel/-neu war 46 · 47

18 oDE/o/the sweet & aged people (248)
   oDE/o/die lieben alten leutchen die 50 · 51

19 "next to of course god america i   (267)
«nach gott natürlich liebe ich dich   52 · 53

20 come, gaze with me upon this dome   (272)
komm schau mit mir auf diesen dom   54 · 55

21 my sweet old etcetera/aunt lucy during the recent   (275)
im jüngst vergangenen krieg/konnt meine liebe olle   56 · 57

22 Nobody wears a yellow/flower   (297)
Niemand trägt eine gelbe/blume   58 · 59

23 somewhere i have never travelled,gladly beyond   (367)
dort wohin ich niemals reiste,freudig jenseits   60 · 61

24 my darling since/you and   (369)
mein liebling,weil/du und   62 · 63

25 o pr/gress verily thou art m   (392)
o f/rtschritt wahrlich du bist gr   64 · 65

26 r-p-o-p-h-e-s-s-a-g-r   (396)
r-ü-p-f-e-s-a-g-h-r   66 ·67

27 the boys i mean are not refined   (427)
die jungs dahier sind gar nicht fein   68 · 69

28 may my heart always be open to little   (481)
immerdar möge mein herz kleinen vögeln   70 · 71

29 anyone lived in a pretty how town   (515)
irgendwer lebte in einer stadt so nett   72 · 73

30 love is more thicker than forget   (530)
liebe ist dichter als vergessen   76 · 77

31 hate blows a bubble of despair into   (531)
hass bläht eine blase bitterkeit zu   78 · 79

32 plato told/him:he couldn't   (553)
platon sagte/es ihm,er konnt   80 · 81

33 pity this busy monster,manunkind,   (554)
mit diesem emsigen monstrum unmenschheit   82 · 83

34 what if a much of a which of a wind   (560)
wie, wenn ne wucht von nem was von nem wind   86 · 87

35 when god decided to invent/everything   (566)
als gott sich vornahm alle welt/zu erfinden   84 · 85

36 life is more true than reason will deceive   (592)
leben ist wahrer als vernunft verkennt   88 · 89

37 dying is fine)but Death/?o/baby   (604)
sterben ist fein aber Tod/?o/baby   90 · 91

38 so many selves(so many fiends and gods   (609)
   so manches selbst(so mancher schratt und gott   92 · 93
39 when serpents bargain for the right to squirm   (620)
   wenn schlangen feilschen um das recht zu schlängeln   94 · 95
40 why must itself up every of a park   (636)
   was muss es sich durchaus auf jedem park-   96 · 97
41 who(at / her nons- / elf   (704)
   wer(auf / ihr nichts- / elbsten   98 · 99
42 1(a / le / af   (673)
   1(ein / bl / att   100 ·101

Anmerkungen   103
Nachwort: E.E. Cummings, ein «Klassiker der Moderne»   105
Bibliographie   119
Inhaltsverzeichnisse   122

Erweiterte Neuausgabe 1994
(Erste Ausgabe 1958; geringfügig geänderte Ausgabe 1982)
9. Tausend der Gesamtauflage 2005
Satz: KOMDATA, Ahaus
Druck: MB Verlagsdruck, Schrobenhausen
Bindearbeiten: Norbert Klotz, Jettingen
ISBN 3-7846-0545-1. Printed in Germany
www.langewiesche-brandt.de